The Ten Great Marshals

刘伯承元帅

姚有志 ◎ 主编

民主与建设出版社
·北京·

© 民主与建设出版社，2024

图书在版编目(CIP)数据

红色将帅．十大元帅．刘伯承 / 姚有志主编．—北京：民主与建设出版社，2017.1（2024.8 重印）

ISBN 978-7-5139-1167-2

Ⅰ.①红… Ⅱ.①姚… Ⅲ.①刘伯承（1892-1986）—生平事迹 Ⅳ.①K825.2

中国版本图书馆 CIP 数据核字（2016）第 270919 号

红色将帅．十大元帅．刘伯承
HONGSE JIANGSHUAI: SHIDA YUANSHUAI: LIU BO CHENG

主　　编	姚有志
选题策划	梁　洁
责任编辑	王　越
特约编辑	胡艳红　肖贵辉
封面设计	罗四夕书籍设计工作室
内文设计	逸品文化
出版发行	民主与建设出版社有限责任公司
电　　话	（010）59417747　59419778
社　　址	北京市海淀区西三环中路10号望海楼E座7层
邮　　编	100142
印　　刷	文永印刷河北有限公司
版　　次	2017年6月第1版
印　　次	2024年8月第2次印刷
开　　本	710mm×1000mm　1/16
印　　张	10.5
字　　数	88千字
书　　号	ISBN 978-7-5139-1167-2
定　　价	26.80元

注：如有印、装质量问题，请与出版社联系。

目录

003 ○ 小时勤奋好学
008 ○ 十五岁成为全家主事人
012 ○ 接受民主革命思想
015 ○ 立志从军
020 ○ 率领川东护国军讨袁
029 ○ 川中"名将"
033 ○ 出川考察
036 ○ 领导泸顺起义
047 ○ 参与组织南昌起义
051 ○ 留苏
054 ○ 主办红校
057 ○ 出任工农红军总参谋长
063 ○ 长征途中:"刘伯承是条龙"
067 ○ 与彝族首领小叶丹结盟
080 ○ 杰作

083 ○ 坚决北上

089 ○ 出任第 129 师师长

094 ○ 神机妙算叠伏日寇

104 ○ 用兵如神

120 ○ 立马太行

128 ○ 转战晋冀鲁豫

139 ○ 千里跃进大别山

147 ○ 元帅教育家

153 ○ 家风

160 ○ 不朽的丰碑

开国元帅刘伯承

一个靠卖对联买年货的少儿,在率领川东护国军讨袁战争中,一颗飞弹射穿了他的颅顶,从右眼眶飞出,眼珠子当即破裂流出眼窝……他骁勇异常、多谋善断,被誉为"川中名将"。"刘总指挥行军不坐轿,借宿不睡床"。他的苏联名字叫阿发那西也夫。当时他在中共党内被看做是无产阶级的"孙武"。红军在巧渡金沙江后,毛泽东风趣地说:"刘伯承是龙下凡,江水怎么会挡得住龙呢?"他正正经经地双膝跪地,举碗过头,按彝民风俗对天盟誓……日本人也称他用的是超一流的战术。国民党将领惊叫道:"刘将军成了诸葛孔明了……"刘邓大军以迅雷不及掩耳之势突破了蒋军的黄河防线,揭开了战略进攻的序幕。刘邓大军进军大西南,仅1月零27天,歼敌90余万。他主办新中国最高军事学府。徐向前元帅在纪念他的挽词中写道:"昭昭青史记殊荣,十万军帐哭刘公。"

小时勤奋好学

1892年(清光绪十七年)12月4日,刘伯承生于四川省东部开县赵家场张家坝村的一户农民家里。

在刘伯承出生前两个月,他的祖父、祖母相继去世。当他出生时,父辈们正在为他的祖父、祖母服孝,父亲便给他起了个乳名叫孝生。他的学名叫明昭,伯承是他的字。

刘伯承的父亲刘文炳,曾参加过科举考试并中榜,后因出身卑贱而被取消资格,但却是当地有名的"泥腿文人"。刘文炳一心想把自己通过读书改变门庭的希望寄托在儿子刘伯承身上,因而从小就重视对他的教育。每当他下地回来,不管多累,总要把咿呀学语的孝生抱到自己的膝上,不是教他认字,就是教他唱一两首诗歌或民谣。"赤日炎炎似火烧,野田禾稻半枯焦,农夫心里如汤煮,公子王孙把扇摇。"父亲说一句,儿子跟着学一句。第二天儿子一见父亲回来,就拍着小手,摇着

脑袋,稚声稚气地背起来。父亲见儿子背得不错,心里甚是高兴,他那饱经风霜、堆满忧郁、布满皱纹的脸上,顿时展露出欣慰的笑容。当孝生四五岁时,父亲就把自己苦心修订的《刘氏家谱》摆到儿子面前,教儿子识字,记事,做人,希望儿子长大成人能光宗耀祖,改变门庭。

刘伯承的母亲叫周寅香,虽然没有读过书,可一些民间谚语、神话、故事、传说却知道的不少,她经常讲给孩子们听。刘伯承的幼小心灵,从他妈妈讲的许多故事、传说中,也受到了不少启迪。刘伯承从小天资聪敏,父亲、母亲对他甚是喜欢。1898年,伯承已经6岁,到了该上学的年龄了。父亲文炳担心自己教子不成,误了儿子的前程,一心想为孩子寻觅个有真才实学又能严加管教的启蒙良师。

说来也巧,就在这年盛夏的一天,一个老人来到他家门口乞讨。这老人满头银发,操着下江口音,自称是下江人,姓任,名贤书,出身贫贱,屡试落榜。有一年,他在乡间替穷人打抱不平,触怒了官府,险遭横祸,为逃避官司,被迫背井离乡,流落江湖,以乞讨为生。文炳见此人谈吐文雅,穷而不俗,凭他的生活经验觉得此人不凡,便请到家中喝茶叙谈。俗话说,同命人怜同命人。大概是由于出身相同,遭遇类似,文炳对任贤书格外热情，便把他留在家中住下，以礼相待。日子长了，任贤书白天帮助文炳干活，晚上二人一起乘凉饮茶，谈古论今，做诗解文，谈得十分投机。小孝生经常站在一旁，睁着一双大眼，听得入神，有时还提些似懂非懂的幼稚问题，寻根究底，问个不休。任贤书很喜欢小孝生，就给他讲些历史故事，教他一些浅显的诗歌，孝生的记忆力很强，能把听到的故事情节给别人讲得清清楚楚，教过的诗句都能背诵下来。一天晚上，主客二人乘凉闲谈时，任贤书郑重其事地对刘文炳说："令郎小小年纪，竟然如此勤奋好学，才智过人，若有良师教诲，日后必成大器。"

"过奖，过奖。"文炳接过话茬儿说："任先生满腹经纶，孝生若能拜您为师，得到先生指教，那真是他的造化了。但不知先生意下如何？"

"常言说恭敬不如从命，既然刘兄这样看得起我，贤书就不推辞了。"任贤书说罢，哈哈大笑。

话音未落，文炳立即将孝生叫了过来，叩头拜任贤书为师。刘文炳见任贤书博学多才，品德高尚，为了解决这位外乡孤老的生计问题，早就打算筹办一所塾馆，聘请他为先生。第二天两人就办学的事做了商量。刘文炳经过好几天的串联，邀集到了四邻的20多个学龄儿童。就这样，任贤书在刘家院子的横堂屋里办起了一所

私塾学馆。6岁的孝生以刘明昭的学名入塾就学了。

明昭开始入学时，有些贪玩，有时玩起来比读书的劲头还大。一天，老师教完课文，别的学生都在认真朗读，他却把书放在桌上，头顶着桌沿，在桌子下边扎猪头、白鹤等小玩艺儿。任老师发现后，叫他站起来，罚他背诵当天教的课文。没想到，他一口气从头到尾一字不差地背了一遍。老师又罚他认生字，他又全部认下来了。任老师虽然因他贪玩不守课堂规矩生气，可又为他的聪明才智高兴。

1898年戊戌变法以后，全国各地倡办新学，颁布了学堂章程，开县地方官吏和地主富绅中的开明人士，先后在县城和一些乡村场镇办起了以"中学为体，西学为用"为宗旨的中西学堂。1904年，开县开明富商刘华英，在他的家乡灯草坝创办了一所名叫汉西书院的学堂。他办这所学堂主要是为培养本家的十几个少爷，也接纳少数成绩特别优秀的贫苦学生，还免费供给膳食、书本和文具纸张。

一天，任老师听到人们谈论刘华英创办汉西书院的事，十分高兴，立即把这个喜讯告诉刘文炳。刘文炳一听更是高兴万分。任老师本来觉得再教下去已力不从心，怕误了明昭的前程，便和刘文炳送明昭到汉西书院读书，刘文炳在十多年前，因续家谱与刘华英认识，当即翻山越岭到灯草坝向刘华英说明来意。刘华英也慷慨表示同意并积极给以支持。过了几天，12岁的刘明昭拜别了任老师，穿着母亲连夜赶制的粗布新衣新鞋，在父亲的护送下，到离家一百余里的汉西书院读书。从此，明昭又踏上了新的求学征途。

刘伯承在汉西书院学习，第一次接触到数学、地理、理化等自然科学知识，这一切使他感到格外新鲜，大大开阔了眼界，因此，学习更加努力，他用力地吸吮着这近代人类文明的乳汁。

十五岁成为全家主事人

1907年春天,伯承的父亲由于过度劳累和贫困生活的折磨,身患肺病,又无钱医治,不幸离开了这个凄风苦雨的世界。为了给父亲买口棺材,家里向刘文吉——伯承的五伯父借了40吊钱的高利贷。这样,本来就十分贫寒的家境又添了一层严霜。

父亲去世之后,全家7口人的生活重担全落在了伯承和母亲的肩上,年仅15岁的伯承成了全家的主事人。他像成年人一样,每天黎明即起,日落之后才回家。母亲也时常帮他到地里干活。种庄稼是个力气活,孤儿寡母,劳力毕竟有限,再加上土地贫瘠,尽管伯承起五更爬半夜地出力流汗,一年也只能收四五担毛谷。这点毛粮除去急需还的债务,就所剩无几了。全家人只好吃红苕和粗壳杂粮,靠糠糠菜菜勉强度日。

转眼快到年关了。有钱人家都忙着杀猪宰羊,赶集上店,大办年货,好不热闹。而伯承家,一没钱,二没米。弟弟妹妹不懂事,围着妈妈哭闹,母亲满面愁容,泪如泉涌。母亲有心再去借钱,可穷人没钱,富人不借。再说那逼债的滋味刚刚尝过,真把母亲难坏了,伯承心中也如刀绞。但他为了不使母亲伤心,强打精神对母亲说:"妈妈,有钱人大酒大肉是过年,我们吃糠咽菜也能过年。我再想想办法,把年过得好一些。"

这时,母亲想起了丈夫在世时,每到年关都到集上写对联卖几天,换点钱回来过年,也想让伯承去写对联卖,但又担心伯承的字比不上他爸爸。她用试探的口吻对伯承说:"孝生,你爸爸在世的时候,都是写对联到集上卖,换点年货回来,不知……"

未等妈妈说完,伯承自信地说:"妈,我也能写对联卖,明天我就到集镇上去。"

"去试试看吗,孩子。"妈妈带着期望、疑问的口气说。

第二天,伯承带着弟弟来到集镇上,先到小时候同学家开的杂货铺里赊了两刀红纸,又借了一张桌子。弟弟帮助研墨,伯承提笔写字,就在铺子旁的台阶上开张了。

集上卖对联的人倒也不少,而买的却不多。可是,伯承写的对联销路倒很兴旺。说来也不奇怪,因为他不仅大字写得漂亮,有功底,而且对联的内容新颖,平

仄、对仗经得住推敲，富有新意和诗意。再加上人们知道这卖字少年就是赵家场"泥腿文人"、写对联高手刘文炳的儿子，更是高看一眼。不仅一些不识字的人来买，就是书法"通"也挤来买上几副。当年的同窗好友不买别人的，也专来买刘伯承的对联。腊月天气，寒风刺骨，伯承和弟弟穿得都很单薄。手冻僵了，脚冻疼了，哥俩就跺跺脚，搓搓手，继续写。写好一副，立即就被人买走一副。这样，伯承一直写到大年廿九。他把卖对联的钱清点了一下，付了赊的两刀红纸钱，剩余的办了点年货，还余下几吊钱，领着弟弟高高兴兴地回到家里。这个年关总算安安定定地过去了。

穷人门前关口多。年关一过，接着又闹起了春荒。伯承全家本来就在苦水里挣扎度日，又遇上这春荒，更如苦水里加了黄连，苦上加苦了。母亲心疼孩子，舍不得吃舍不得喝，又饿又累，骨瘦如柴。弟弟妹妹饿得面黄肌瘦，整日哭闹不休。好心的邻居看到刘家的日子难熬过春荒，便过来劝伯承母亲，把最小的两个孩子送给刘家屋后不远山岩上的贺毛家抚养。贺毛两口年过四旬，无儿无女，家境虽不那么富裕，粗茶淡饭还能温饱，两口为人又老实厚道。母亲痛苦地反复想了好几天，与其把孩子留在自己身边饿死，还不如送给人家，给孩子找条生路。万般无奈，只好应允了。

伯承知道此事之后,"扑通"一声跪在母亲面前,泪如雨下,哀求母亲:"妈妈,一家骨肉可不能分离呀!我去打短工、下煤窑、出苦力,再苦再累我全不怕,我能养活弟弟妹妹,我能养活全家……"这下子更绞痛了母亲的心。弟弟妹妹年龄虽小,却听懂了哥哥的这番话,一个个痛哭流涕,全家哭成了泪人。母亲擦干了眼泪,望着伯承说:"不送了,我们娘崽死活在一起。"

从这以后,伯承就一边种好自己的田,一边给富人家打短工,干零活,挣几个铜板或换几升粮回来。农闲季节揽不到活的时候,他就天不亮起床,到20多里外的御河沟煤厂挑煤,然后到街上去卖。赶上好卖时回来还早一点,要赶上背时,就要到天黑以后才能回家。不论天早天晚,母亲带着孩子们总要站在门前的大树底下,等着伯承回来。只要伯承一回来,弟弟妹妹就呼啦一下子围了过来,争着给哥哥拿扁担和箩筐。母亲总是心疼地上下打量一番,轻轻地拍打着伯承身上的泥土。

接受民主革命思想

1905年,清廷颁布诏书废除科举,改革考试和教育制度。1907年春节刚过,开县县城新办的高等小学正式贴出招生告示。刘伯承也曾想去投考,但由于家境穷困,只好将这一愿望埋在心里,准备辍学,协助母亲、姐姐,一起挑起全家生活的重担。可是,母亲和姐姐都怕误了他的学业,一再催促他报名应考。刘华英也接连派人送信来,希望他去报考,继续深造,并表示愿意资助学费。这样,刘伯承才报名投考县高小。他考试成绩优异,被录取了。

在县高小,刘伯承如饥似渴地学习各门功课,除对修身课不感兴趣外,其他各科成绩都是优等,特别是国文和史地的学习成绩出类拔萃,深受教师的赞扬和同学们的敬佩。

就在这时,清廷下诏宣布预备立宪。这个消息传到开县高小,一时成为师生们议论的中心。刘伯承对这件事的认识模糊不清,就去请教自己尊敬的傅让三老师。傅老师很器重刘伯承,让他到自己的卧室,把一本《四川》杂志交给他看。这本杂志的第一篇文章就是《学生与政治》。文章通俗流畅,论述精辟,猛烈抨击了清廷预备立宪的虚伪性,而且还号召青年学生丢掉幻想,投身到反对清朝贵族的统治,推翻中国的封建君主制度的斗争中来。

刘伯承聚精会神地反复读着,面部表情随着文章内容不断变化着,时而严峻,时而愤怒,时而忧郁,时而振奋,突然情不自禁,拍案而起,连声称赞:"写得好,写得好。"随即提起笔来在文章边缘写了"如梦初醒、茅塞顿开"八个小字。接着回过身来,就"民主"、"自由"、"平等"、"博爱"……一连串问题向傅老师请教。傅老师一一给他作了详尽的解释。

师生二人畅谈了一个中午,快到上课时间了,刘伯承才恋恋不舍地走出傅老师的卧室。

从这以后,刘伯承和傅老师接触更加频繁,关系更为密切。傅老师还经常向刘伯承的同学好友邹靛澄、谢南城等讲述自己在日本留学时的见闻,宣传孙中山的民主革命思想,把吴玉章,雷铁生等革命党人在日本东京出版的《鹃声》、《四川》等杂志悄悄借给他们阅读,使他们知道了许多过去从来不知道的事,懂得了许多过去

不懂的道理,开阔了眼界,看到了世界潮流,了解了当时中国的革命形势,初步认识到革除中国腐朽没落的封建专制制度的必要性。这对刘伯承民主革命思想的形成,起了重要的启蒙作用。

立志从军

1909年,清朝政府学习西方国家的统治方法,在全国普遍兴办警务。开县立宪派人士胡穆昭、李阳生等人奉示举办了巡警教练所,招募学员。17岁的刘伯承怀着"除暴安良"、"救国救民"的愿望,应募参加巡警教练所受训,三个月结业后被分配在开县巡警分署当巡警。

半年后,无数事实使他感到当巡警不仅不能实现"除暴安良"、"救国救民"的理想,恰恰相反,只能作官府衙门的走卒,豪绅富商的看门奴才,贪官污吏的帮凶。他感到羞愧、悔恨和痛心。他怎能看着狗官们践踏律典、贪赃枉法而无动于衷呢!怎能坐视奸商、豪绅欺民压户,搜刮民脂民膏而不过问呢!刘伯承毅然脱下警服,扔了警棍,向巡警分署署长递交了辞呈,离开县城,回老家去了。不久,辛亥革命爆发的消息在开县广大农村迅速传开了:武昌革命军攻下了总督府;各省都

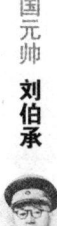

起义宣告独立了；宣统皇帝退了位；革命军光复了重庆城；开县知县被革命党缴了大印，滚出了县衙门；革命党在万县募兵，好多年轻人剃了辫子参加了革命军……

这些消息像春风一样吹拂着大地，刘伯承兴奋极了。盼望了多年的日子，终于来到了。

回家后，刘伯承把这些消息统统告诉了母亲后说："妈，如今'反正'（辛亥革命时人们把推翻清朝皇帝的统治，建立民国叫做'反正'）了，世道变了，革命党正在万县招兵，我要吃粮当兵去。"

母亲听了，一方面高兴，一方面又舍不得儿子去当兵，难过地哭了。

母亲虽然没有文化，但长期受丈夫和儿子的影响，却也是个深明大义的人，经儿子开导劝说，止住了眼泪，欣然同意儿子出去当兵。当天晚上，刘伯承就剃了辫子，第二天就到万县报名参加了学生军。

1912年1月1日，孙中山在南京就任了临时大总统，宣告成立中华民国，不久四川也成立了中华民国军政府。军政府在重庆成立了陆军将弁学堂，贴出了招收学员的告示。刘伯承在万县报名当兵后，又连夜赶回家里，筹凑了一些路费，辞别母亲，赶到万县买了去重庆的船票，要去投考陆军将弁学堂。因为雾大，轮船没法开，刘伯承怕耽误考期，独自一人背着行李包袱，跋山

涉水，昼夜兼程，终于在开考的前一天赶到重庆报上了名。考试结果，刘伯承的各科成绩优秀，被录取了。

将弁学堂的生活是很紧张的，功课也很繁重。在半年多的时间里，要学习"步兵操典"、"射击教范"、"野外勤务条令"，还有"战术学"、"兵器学"、"地形学"、"筑城学"等课程。许多同学叫苦不迭，有的干脆退学溜走了。但已经树立了救国救民、富国强兵思想的刘伯承常常和同学们互相勉励说："要使中国富强起来，一定要有强大的军队。我们革命军人要有知识、有本事，这样才能担当大任。"

经过半年多的紧张学习和锻炼，刘伯承各科成绩都是优秀，军事动作也是全学堂最拔尖的。当时重庆有一所出名的"求精中学"，还专门聘请他讲军事课，师生们都称他"刘教官"。其实，那时刘伯承才19岁，刚刚从军事学堂毕业哩。

刘伯承在将弁学堂毕业以后，被派到同盟会员熊克武任师长的第五师当司务长，1913年夏，刘伯承当上了排长。

在旧军队里，吃喝嫖赌的风气很盛。刘伯承硬是烟酒不沾，一尘不染。他把每月的12块钱津贴费，给母亲寄去10元补贴家用。剩下的一点钱，都用来买书、买报，自己连油豆腐也舍不得吃。部队行军每到一个

地方，他先看地形，派出警戒，然后就坐下来埋头读书。在多年的部队生活中，刘伯承既不会打麻将，也不会推牌九，同事们开玩笑说："刘伯承，你不抽烟喝酒，不打牌看戏，整天钻那些经书本本，想当军中'菩萨'呀！"

刘伯承回答说："国家的灾难还很深重，我们肩负救国救民的重任，没有知识，怎么能带好兵、打胜仗呢？"

"嘿，你操那份闲心干什么？！"一个同学满不在乎地说："上边有团长、营长，他们说走就走、说打就打，读的书再多，有啥子用？！"

刘伯承认真地说："我们军人不能当莽莽武夫。要用自己的脑子想事情，要了解天下大事。俗话说：书到用时方恨少。不下工夫读书，就难免要吃败仗的。"

刘伯承时常提起他第一次打仗时的教训。当时，他带领一个排到綦江打土匪，事先没有把全排动员好，开火以后，他只顾自己一个劲往前冲。等他回头一看，身边只有四五个士兵。结果敌人逃走了，自己的队伍还损失了不少人。这一仗没有打好。

后来，他对照自己的情况，又翻阅了《孙子兵法》，逐渐懂得有勇无谋只是个鲁莽的军人，而鲁莽的军人是难免要吃败仗的。只有智勇双全，才能做到百战百胜。

从此以后,他一下就扎进了中国军事学的宝库,认真钻研孙武、吴起、司马穰苴、刘伯温等人的兵法。尤其是《孙子兵法》,他读得滚瓜烂熟,许多章节都可以背下来。

率领川东护国军讨袁

1916年元旦,北洋军阀头子袁世凯公开宣布称帝,激起了全国人民的义愤。云南都督蔡锷首先宣告云南独立,起义护国。

就在这时,刘伯承从上海回到四川,与在那里坚持斗争的王伯常、康云程等组织了川东涪陵等地的地方武装400多人起义,公开打出"四川护国军第四支队"的旗帜,刘伯承负责军事指挥。这个消息迅速地传遍川东各地,成群结队的群众,带着刀枪自动来参加起义军,不几天这支队伍就发展到两千来人。刘伯承指挥这支起义军,神出鬼没,在川东各州县四出游击,使驻扎在这里的北洋军整天龟缩在城里,不敢轻易出来活动。

1916年春,云南的护国军出兵四川讨袁,在川南与袁世凯的北洋军展开了激战。刘伯承和王伯常率领四川护国军第四支队,决定北渡长江,占领丰都城,切断长江的交通,阻止袁世凯把援兵派到川南,以支援云南

云南护国军编制序列

护国军政府
都督唐继尧
- 护国第1军总司令蔡锷——辖4个梯团
  总参谋长　罗佩金
- 护国第2军总司令李烈钧——辖3个梯团
  总参谋长　何国钧（兼）
- 护国第3军总司令唐继尧（兼）——辖6个梯团
  总参谋长　庾恩旸（兼）

护国军作战。

丰都城位于四川东部的长江北岸，是袁世凯的北洋军从水路入川作战的必经之地，如果护国军占领丰都城，不仅可控制川东的大片地区，而且可以封锁长江的交通，使入川作战的北洋军进退两难。

北洋军对丰都这个战略要地的防守也非常重视，除当地的警备队，又组织了反动的地方武装"万人团"，还特别派了一个北洋军的加强营驻守在这里。他们在城外的

▲ 1916年的刘伯承

开国元帅 刘伯承

长江边，修了工事，挖了战壕，里面蹲满了荷枪实弹的北洋兵。

为了打下丰都城，刘伯承进行了周密的部署。在进军丰都城的前几天，首先派人到城里侦察联络，与城里的革命党人、哥老会首领接头，让哥老会的头领组织哥老会的武装人员夹进反动武装"万人团"，混入城里；另外，还从护国军中挑选了一百多名机智勇敢的士兵换上便衣也混入城里潜伏起来，准备在护国军攻城时里应外合。同时，还派人暗中四处张贴、散发《讨袁檄文》和讨袁标语，大造革命舆论，动摇敌方军心。

在这一切准备就绪之后，3月19日清晨，刘伯承、王伯常率领第4支队的人马，星夜向丰都城方向开进。

为了保证这次战斗的胜利，在队伍出发前，刘伯承还作了深入的动员，向全体战士陈述袁世凯北洋军卖国、害民的种种罪行，说明攻打丰都城支援蔡锷护国军作战的重大意义。

士兵们听到要攻打丰都城，情绪高涨。因为自从刘伯承拉起这支队伍，一直是打游击，这次要攻打丰都县城，大家都想显一显身手。刘伯承兴奋地把手一挥，高声喊道："向丰都前进。"护国军的士兵们迈着雄健的步伐出发了。

这时，夕阳下山，山岩将巨大的身影投入长江，一群归雁掠过天空戛然长鸣,在追赶着晚霞。路旁枯树上,停立着一只乌鸦,扯着嗓子在呱呱地嘶叫。一位正在行进的战士,吐了一下舌头,忧心地说:"'老鸦叫,人上吊。'这一仗可得当心点。"另一个战士叹息着说:"唉,丰都是个鬼窝子,瞧这兆头,非得见阎王不可。我们兵力少,枪又多是破家伙,怕是打不赢哟……"

作为军事指挥员的刘伯承与官兵们一起行进,倾听着这几个战士的议论,揣摸着他们的心思,和战士们一起议论着说:"老鸦叫,那是袁世凯要垮台的征兆,我们到丰都就是给他'勾魂'的,要让北洋军见阎王。别看我们的家伙不好,只要大家一条心,准能拿下丰都城。"刘伯承风趣的谈话,扫除了隐藏在一些战士心中的忧虑与不安,坚定了大家拿下丰都城的信心。

当部队开到离丰都还有40里的马口垭,停了下来。刘伯承一方面派人去丰都城继续侦察敌情,命令尖兵排沿途张贴布告、标语,绘出路标,设置茶水站,向丰都方向搜索前进;一方面令大部队隐蔽在附近的树林里,埋锅煮饭,准备吃完饭,继续向丰都城进发。这时前去侦察的人员报告,敌人在去丰都的大路上,已经准备了伏兵,一俟护国军开到就一举歼灭之。为了迷惑敌人,刘伯承采取"明修栈道,暗度陈仓"的计谋。在太阳快落山时,他带着大部队从马口垭出发沿着左侧大路向丰

都城方向开进。当走了十来里路时，却突然命令部队停止前进，就地休息。直等到天黑以后，刘伯承才又发布命令，改后卫为前锋，变尖兵为后卫，又折身回到马口垭，乘着朦胧的月光静悄悄地改从右侧小路，以急行军的速度，向丰都城直插过去。经过5个多小时的行军，部队于20日凌晨赶到作战位置——离丰都城仅有三里远的新城，并立即控制了附近的制高点，准备拂晓时向敌人发起攻击。北洋军根本没有料到这一手，他们也想占领新城的制高点。此时，刘伯承正站在指挥位置上观察敌人的动向，借着淡淡的月光，看到了敌人的队伍窜了过来。他立即命令部队进入临时掩体，作好战斗准备。300米、200米、50米……硬是等到敌人爬到部队只有二三十米的时候，刘伯承"砰、砰、砰"连发3枪。随着信号枪响，护国军的勇士们朝着自己的目标，一齐开火，一下子就撂倒好几十个。敌人被打得晕头转向，没有挨到子弹的，抱头往长江边鼠窜。刘伯承趁势指挥部队从高处冲杀下去，犹如猛虎下山，军号声、喊杀声、枪炮声响彻晨空，震撼着长江沿岸。长江岸边的北洋兵一听枪响，不分青红皂白，便疯狂地射击起来，许多子弹都打在他们自己人的身上。护国军紧追上来，前后夹击，从新城溃逃的北洋兵又倒下了一大片。

这时潜伏在丰都城里准备内应的护国军和哥老会的

武装人员，听到城外枪响，知道是护国军攻城来了，立即按事前约定的作战计划一齐向西城门冲杀过来，齐声高呼："护国军杀进城了，我们胜利了！"城里的敌人顿时大乱，有的丢下武器，逃进民房躲藏，有的调转枪口加入哥老会队伍向北洋军射击。这时，城内的护国军打开了城门，城外的护国军大部队蜂拥而入。北洋军不知护国军的底细，见大势已去，纷纷四散奔逃。很快，护国军便占领了丰都城。

护国军攻克丰都城的消息，随着浩荡的春风，伴着奔腾的江水，迅速传遍全川，传到长江沿岸的大小城市，鼓舞着各地讨袁斗争的发展。

当护国军攻下丰都城的消息传到北洋军驻川的指挥部时，像一枚重磅炸弹在那里炸开了。北洋军急忙调来了六七个团的兵力，赶往丰都增援，各种枪炮疯狂向城里射击。当时敌军的兵力几倍于护国军，情况万分紧急。刘伯承鉴于牵制增援叙永、泸州的北洋军的目标已经达到，为了避免不必要的牺牲，当机立断，决定将部队撤出丰都城，向农村转移。正当刘伯承组织部队边抵抗、边撤退时，突然发现身边一个士兵身体过于暴露，受到敌人火力的威胁。他马上扑过去，大声吼道："危险，快趴下！"话音未落，一颗子弹射穿了他的颅顶，从右眼眶飞出，眼珠子当即破裂流出眼窝，血流如注。

瞬间，他完全昏迷过去，倒在地上。这时北洋军已进入城内，战士们慌忙把他抬到一家药店里，把头部包扎了一下，藏到楼上的仓库里。怕敌人找到，又把门反锁起来。

城内正在混战，北洋军趁势烧杀抢掠，药店着火了，仓库里充满烟雾，刘伯承被呛醒了。他缓缓睁开左眼，用力朝门边爬去，可门被反锁着。他猛然发现对面有一扇小窗户，闪着亮光，便蹭到窗前，顺手操起一把竹椅，朝窗棂砸去。小窗被砸开了，他转身从竹床上抱起一床棉被，将头蒙住，猛然从窗口滚了出来。这时正在寻找刘伯承的两名战士，看见窗外有个着了火的棉被包在滚动着，赶上去将火扑灭，打开一看，惊喜地叫起来："是刘长官！"于是，赶紧背起他往城外转移。在不远的地方，他们又找到了一只箩筐，让刘伯承坐在里面盖上棉被，轮流抬着……

护国军从丰都撤退出来，人们脸上布满了失败的痛苦之情，向西北艰难地行进着。这一切，刘伯承在伤痛中仍然感觉到了。他用力掀开棉被，使劲地喊着"停一停……把我放下，我要讲……讲话。"在战士的搀扶下，他顽强地站了起来，右手扶着一棵大树吃力地说："兄弟们，我们四川有句俗话，叫虎死不倒威……胜败乃兵家常事，况且我们完成了任务……大家要振作……"

官兵们看到身负重伤的指挥官,仍然如此坚强,不由得被这种精神感染,一下子振作起来。接着,刘伯承询问了部队伤亡的情况,然后严肃地说:"让我们向在这次战斗中阵亡的将士致哀!"他单腿跪在地上昂首向天,从牙缝里挤出:"愿烈士在天之灵,助我讨平袁贼!"

"讨平袁贼!讨平袁贼!"这声音在空中回荡着,回荡着。此后,这支部队一直配合护国军的主力,在川南一带进行活动,牵制了敌人的大量兵力。

刘伯承受伤以后,隐藏在一个农民家里养伤,由于农村缺医少药,延误了治疗时间,伤情日益恶化。随后,他在革命同志的帮助下,秘密潜入重庆,在一家外国人开办的医院,由一位德国军医为他诊治。这时刘伯承伤情十分严重,如果手术稍有不慎,就会发生意外,医生经过深思熟虑,慎重地作出了手术方案:实行全身麻醉,并作好各种急救准备。但刘伯承担心实行麻醉对大脑神经功能会带来不利的影响,坚决拒绝麻醉。医生只好接受刘伯承的要求,在不施行麻醉的情况下,在这位坚强的中国人身上精心细致地进行手术,将眼眶内的腐肉一点一点地清除……只见刘伯承一双手死死地捏住手术台的木脚,牙关咬得紧紧的,强忍着钻心的疼痛;汗水从额头上、鼻梁上和全身的每个毛孔迸涌出来,透

过身上的衣服，把铺在手术台上的毯子全浸湿了。

3个小时的手术，进行得非常顺利。手术结束后，医生和护士把刘伯承从手术台上扶起来。医生关切地询问："年轻人，疼得厉害吧？"这时刘伯承坦然一笑，说："割了74刀。"医生惊异地问："你怎么知道的？"刘伯承回答："阁下，每拉一刀，我就暗记一数……"这位医生颤抖着做完手术的双手，感叹不已："佩服，佩服，我衷心佩服刘先生的坚强意志和无比的毅力！"

刘伯承见德国医生豪爽、正直，就把自己的经历和处境如实相告，医生听后更加敬佩，连声说："你真是军神、军神！"

川中"名将"

被称为"军神"的刘伯承伤势刚愈,又被熊克武等先后任命为第 9 旅参谋长、督军署警卫团中校副团长、第 2 混成旅第 1 团团长、第 2 混成旅第 1 路指挥官。他率部浴血奋战,骁勇异常,多谋善断,治军有方,逐渐被称誉为"川中名将"。

1921 年 8 月,刘伯承率 4 个营兵力乘船顺江而下,至三斗坪登岸,进攻安安庙。扼守安安庙的敌 1 个团凭借防御阵地前的一大片水田构成强大火力网,企图固守待援。刘伯承赶到攻击阵地前沿,经仔细观察后决定,以一部兵力绕道迂回敌翼侧佯攻,吸引敌大部兵力,而以主力从正面水田地强攻。结果,强攻奏效,俘虏了大批敌军。战后,有人问他历来不主张正面硬攻,这次为何例外呢?刘伯承说:守敌满以为有水田作障碍,我们会从侧翼进攻,便布置了主要兵力,而我偏要在敌人以为不能过的正面来给他个出其不意。

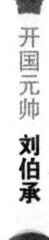

开国元帅 刘伯承

1923年2月，孙中山将他麾下的部队改称讨贼军，自任大元帅，开始了反对南北军阀的讨贼战争。刘伯承在讨伐吴佩孚的战争中任东路讨伐军第一路前敌指挥官，率第2混成旅纵横驰骋于川东和川北。在万县歼灭叛军杨春芳旅；在德阳重创孙德操旅。

同年9月，当友邻部队在成都近郊陷入敌军重围时，已经完成本部任务的刘伯承力主前往增援。他说服了不愿应援的军官，率部直抵成都，抵敌腹背，一举全歼敌1个旅。陷入重围的友军也斗志倍增，组织反击，割断敌军联络，全歼其两个团，夺回成都。这时，敌军又以12个营兵力赶来增援，急进至江油附近中坝地区。刘伯承奉命率部急行军赶到中坝，与敌军展开激战，结果将敌军全部包围、缴械。此役从成都东门到江油中坝，往返300多里，从出发之日到胜利回师，仅用12天时间，刘伯承用兵之神速，战斗之勇猛，令敌、友各军震惊。

正当刘伯承和友军并肩追击时，熊克武急令他东开成都东南门户龙泉驿。虽然部队已十分疲劳，但他还是即刻率部东开，迅速接防了龙泉驿、张飞营等阵地。随后，刘伯承赶往阵地前沿观察地形。经过准备后，他率部进到石盘铺与敌开战，并将敌军吸引到茶店子一线。接着，他又指挥部队在柳铺沟进行夜战，打退敌军数十次进攻，击毙、俘获敌人200多名，迫使敌军溃退。龙泉驿之战，刘伯承等部与强敌鏖战4个昼夜，共击毙、击伤、俘虏敌军2000多人，成为扭转整个战局的关键一战。在向大足方向追击时，刘伯承率部强攻要隘马颈口，激战中不幸中弹，右大腿负重伤。但他仍指挥部队进攻，直至攻克大足城，才在别人护送下前往成都疗伤。

"遍体弹痕余只眼"的刘伯承，虽在川军中拼命厮杀转战达10年之久，但他富国强兵、救国救民的雄心壮志仍旧未酬。

刘伯承对一些资产阶级革命领导人相互间争权夺利，导致革命局势多次由胜转败的情形，既感到十分痛心，又觉得心灰意冷。

在成都养伤时，刘伯承开始同吴玉章、杨闇公亲密交往，这对他抛弃资产阶级民主主义转向共产主义道路，具有十分重要的作用。吴玉章是参加过辛亥革命的老同盟会员，在四川各界颇有声望。他当时任成都高等师范学校校长，和恽代英、杨闇公等创办《星期日》等进步刊物，介绍新思想、新文化，宣传马克思主义。杨闇公早年留学日本，1922年加入中国社会主义青年团，积极投身于当时反帝反封建的革命斗争。吴、杨二人对刘伯承的为人、情操、学识、忧国忧民的精神和卓越的

军事才能很钦佩，注意对他进行培养。刘伯承曾回忆自己于1924年在成都与杨闇公朝夕不离，论说时政的情形。杨闇公在日记中则称赞刘伯承"确是不可多得的人才，于军人中尤其罕见"，他"机警过人，并且很勤学的，头脑也异常清晰，不是碌碌者比，又兼有远大志向"。

出川考察

当刘伯承听吴玉章介绍中国共产党成立并在上海、北京、广州等地开展革命活动情况时,表示决心随吴出川考察,寻找中共组织。1924年秋末,刘伯承随吴玉章途经贵州、湖南到达上海。次年2月赴北平,5月初又南返上海。6月下旬从上海经香港到达广州。7月初,返回四川。其间,刘伯承、吴玉章见到了中共北方区委负责人之一赵世炎(吴经赵介绍加入了中国共产党)、四川籍中共党员童庸生。刘伯承还拜会了中共中央总书记陈独秀,详细地了解了中共成立以来活动情况。在上海,他耳闻目睹了中共领导的"五卅运动"。在广州,他正逢香港工人大罢工和英法帝国主义制造的"沙基惨案"。半年多的考察,使刘伯承看到了俄国十月革命的影响和中共与国民党组织发动下中国人民的迅速觉醒,对中共也有了一定认识。其间,他也随吴玉章参加了中共组织的一些活动。

回到四川以后,刘伯承虽然还未参加中国共产党,但他在中共重庆地方委员会主任杨闇公,中共党员、时任国民党四川临时省党部主任委员吴玉章直接领导下,整顿四川国民党组织,同国民党右派分子进行斗争。1926年5月13日,经杨闇公、吴玉章介绍,刘伯承加入了中国共产党。这标志着他已经完成了从革命民主主义者向共产主义者的转变。从此,刘伯承一直在中国共产党领导下为共产主义事业努力奋斗达60年之久。

1926年7月,广东国民政府派出国民革命军正式出师北伐。为积极组织、推动、配合这次反帝、反封建革命行动,根据中共中央"希望川中发生一个左派军队,发展自己的武力"的指示,中共重庆地委决定积极策动四川军阀倒戈易帜,配合北伐军迅速向长江流域推进,并试图创造由我党掌握的武装力量。8月,刘伯承再次随吴玉章出川,途经上海前往广州。

在上海,他们向中共中央领导人汇报了四川军事运动情况。在广州,刘伯承以国民党四川省党部"特务委员会"名义,主持同四川各军阀代表谈判,签定了促进四川国民革命的《六条协定》。10月,刘伯承以国民党执监委联席会议授予的"国民党中央党部特派员"名义离开广州,途经上海时,再次向党中央汇报了四川军事运动和广州方面情况。

根据中共中央指示精神，11月中旬，杨闇公和朱德、刘伯承等在重庆成立了由杨、朱、刘三人组成的中共重庆地委军事委员会，杨兼任书记。军委会以发动泸州、顺庆起义为中心任务。

刘伯承在传达了党中央关于加强四川军事运动指示后，又提出利用川军矛盾，组织泸顺起义的设想。军委会反复讨论后决定：争取驻顺庆、合川的3个旅首先起义，在川中站住脚跟；随后发动驻防泸州的2个旅起义作策应，并把该部迅速北调，会合于顺庆，两部军队扩编为由刘伯承统一指挥的6个师，使之成为由中国共产党领导的革命军队。为了从政治上造成革命声势，以配合武装起义，国民党四川省党部（左派）于11月下旬召开国民党四川省第一次代表大会。27日，刘伯承向大会作《军事报告》，指出北伐军连连获胜，革命势力迅速发展，"这实在是一件大可庆幸的事"。但是，我们"却不可忘掉民众的力量，民众予我们党军以巨大的助力"，"老实说，此次北伐的胜利，不完全是革命军本身的力量，而是民众拥护本党的力量"。

领导泸顺起义

在四川泸州一带,曾广泛流传过这样一首民谣:

刘伯承,似天神!
忽然来到泸州城。
坏事变好事,坏人变好人。
四川军阀整百姓,匪梳兵篦害死人。
刘将军急急律令,赏罚严明面目新。
对人多和气,买卖更公平。
昨日兵民是仇敌,今日亲如一家人。
变得好!变得好!
从前滥队伍,今朝革命军。
干革命,亲又亲,
功高望重刘将军。
人称小诸葛,
敢比诸葛强几分,

赛过刘伯温!

这首民谣说的是1926年底刘伯承在四川领导泸州、顺庆起义的故事。

泸州是四川南部的一个重要城镇,北有沱江,南有长江。在两江的哺育下,泸州像个得天独厚的骄子,物产丰盛,水运便利。江两岸山脉起伏,重峦叠峰,只有龙透关一处通道,易守难攻,因此,成了屯兵的重镇。

驻守泸州的是川军边防军总司令赖心辉的3个旅。其中驻在城外长江南岸兰田坝的第4混成旅旅长叫袁品文,曾经是刘伯承手下的营长,思想比较进步,倾向革命,被确定为这次起义的骨干力量。

1926年秋天,刘伯承托人带信给袁品文,信中分析了当前形势,启发袁品文参加革命。看到刘伯承的信后,袁品文非常激动,对送信的人说:"我愿以全部力量听党指挥,请向伯承兄转达我的革命决心。"此后,他便派人与刘伯承密切联络,商谈起义的具体事宜。

驻在城郊沱江北岸小市的1个旅,是第10混成旅。旅长叫陈兰亭,原来是土匪,后来被川军收编了,脾气暴躁。驻在泸州城里的是第2混成旅,旅长李章甫是赖心辉的心腹,思想反动,独霸着泸州的税收财源。为争

开国元帅 刘伯承

夺泸州的税收，陈李两人多次发生争吵，积怨很深。

袁品文利用敌人之间的矛盾，多次找陈兰亭密谈，并相机提出了部队起义，解决李章甫，参加革命军的计划。对于革命，陈兰亭并没有深刻的认识，但铲除李章甫却是他的夙愿。于是，他同意参加起义。

李章甫驻在泸州城中，易守难攻，如果不能一举成功，起义就会遭受挫折。对泸州起义的计划，刘伯承斟酌再三指出："智取的方案是好的。泸州城易守难攻，不智取难以成功。但不可操之过急，要力求一举拿下泸州。"

正在这时，赖心辉发现了袁品文部队的一些活动，打算把这个旅调开并进行"治理"。消息传到袁品文耳中，他立刻同陈兰亭等人商量对策，决定先发制人，提前起义。

12月1日，袁品文专程赶到李章甫的住处，邀请他到兰田坝，参加第4混成旅军士训练学校的毕业典礼。李章甫不知大难临头，还神气十足地催秘书写"训词"，准备上台训话。

一叶扁舟横渡长江，把李章甫送到了兰田坝。岸上，军士训练学校校部，彩旗招展，锣鼓喧天。登岸后，袁品文借取"留声机"之名，派人先去通报陈兰亭："牛（指李章甫）已牵来，事态进展顺利。"

李章甫率领随从大摇大摆地步入客厅，还没坐定，四周埋伏的官兵一拥而上，缴了他们的枪。

随后，袁品文集合官兵，宣布起义，并派部队占领了通往城外的要道龙透关。

与此同时，接到情报的陈兰亭率部队占领了两座城门，并与李章甫的部队展开了激烈的巷战。一直激战到拂晓，守军的2个团先后投降，起义军胜利攻入城中。

起义成功后，袁品文、陈兰亭当即发出通电，公开宣布拥护国民政府，参加国民革命军并号召全体川军响应。

泸州提前起义的消息传到重庆。刘伯承与杨闇公等人紧急磋商，准备由刘伯承和陈毅同赴泸州，率起义军去顺庆。他们准备启程，顺庆起义的急电也到了。

顺庆发动起义，是在12月3日。

顺庆，就是今天的南充。地处川北，是个富庶的地区。

驻守顺庆的是川军第5师师长何光烈，既顽固又反动。他残酷盘剥百姓，对部属专横跋扈，被人称为"活阎王"、"活脚猪"。

何光烈部下的旅长秦汉三、杜伯乾早就倾向革命。何光烈对他们的表现很不满，并在公开场合说："要入（国民）党，我一个人作代表去参加就是了。"部下要求

入国民党,他就威胁说要"立即枪毙"。秦、杜二人深深感到,只有采取暴力行动,才能除掉反动军阀,参加革命。

一天,秦、杜二人秘密商定,按照刘伯承制定的计划,在12月5日趁何光烈去顺庆土门寺操场检阅时,生擒何光烈,宣布起义。没想到,这计划被人偷听后报告了何光烈。

何光烈得到这个消息后,反设"捉拿计",通知排以上军官12月4日下午到司令部参加紧急会议,妄图把参加起义的军官一网打尽。

秦、杜二人得到消息后当机立断,提前发动了起义。3日下午,秦、杜分别指挥部队进攻何光烈的师部,并与何的亲信部队展开激烈的巷战。何光烈只带着家眷和弁兵仓皇出逃。12月4日早晨,起义军控制了顺庆县城。

起义成功后,秦汉三、杜伯乾派人分别前往重庆、泸州,请刘伯承去指挥队伍,并通知泸州起义军到顺庆会师。

4日凌晨,刘伯承身穿一件灰褐色的半旧驼绒长袍,来到重庆临江门码头,准备搭早班船赶到合川。由于泸、顺两地提前举义,起义计划又要变更。根据组织的决定:刘伯承急赴合川,发动黄慕颜部起义,随后驰

援顺庆，主持和指挥整个起义部队；陈毅则前往泸州，督促起义军北上会合。尽管形势逼人，刘伯承却十分镇静。他在码头上招呼送行的同志说："时候还早，吃碗抄手去。"说着，他们走进一家馄饨店，每人吃了两碗。饭后，刘伯承就乘船来到了合川。

合川位于嘉陵江西岸，是水陆交通要道。驻守这里的有川军第三师陈书农的部队和江防军第二防区黄慕颜的部队。

黄慕颜是共产党员，他的部队素质很好，是这次起义的骨干力量。

12月4日，黄接到顺庆发来的明码告急电报，催他率领部队向顺庆靠拢。情况如此急剧地发生变化，上级的指示还没有来，怎么办？黄慕颜正在举棋不定的时候，刘伯承突然出现在他面前。

经过磋商，他们决定，一切行动照旧，尽量不露声色，麻痹陈书农的部队。

12月6日，部队以换防的名义开拔了。按照刘伯承、黄慕颜事先商量好的计划，部队第一天是向大河坝方向行军。陈书农的部队打探到他们去的是成都方向，而不是顺庆方向，便放下心来，没有阻拦。

这天大雨滂沱、满地泥泞，部队顶风冒雨地向前走。官兵们一个个全身湿透，有的跌了跟斗，弄得满身

泥水。刘伯承也在队伍中。

黄慕颜知道刘伯承多次负伤,担心他的身体,特地为他准备了一乘小轿,还亲自检查轿篷布能不能遮雨。刘伯承走到轿子前,亲切地同轿工打了个招呼,对黄慕颜笑了笑说:"以前跟大家在一起很少,走路可以多认识几个人,坐轿免了吧!"说完,拿过一把油纸伞,卷起裤腿,手拄一根竹杖,走进了士兵的行列中。他和大家走在一起,不停地交谈着,爽朗地笑着。晚上到大河坝宿营时,大家都感到他和蔼可亲,愿意亲近他,同他摆龙门阵。

部队借宿一晚,第二天改道向北,直奔顺庆。为了摆脱敌人的追兵,刘伯承命令部队急行军。当陈书农的部队查知黄部改道,气急败坏地派出2个团抄近路追赶时,黄部已离顺庆不远,赶不上了。

起义军会师顺庆。12月10日,在顺庆的果山公园里召开了誓师大会。主席台两侧的大红柱上,挂着醒目的对联:

英吉利美利坚赶快缩头
法兰西小日本各自滚蛋

大会宣布成立国民革命军川军各路总指挥部。刘伯承任总指挥。

泸顺起义,震撼了四川各路军阀,他们纷纷调兵遣将,向顺庆反扑。面对敌人的疯狂进攻,刘伯承审时度势,对黄慕颜说:"目前敌强我弱,顺庆孤城难守。"他提出迅速撤出顺庆,向川陕鄂边进发,接应冯玉祥的部队配合北伐的方案。

就在这时,部队接到杨闇公的紧急密信,信中称:已严令泸州义军火速向顺庆集中,要求部队原地坚守。于是,刘伯承又重新部署了作战方案。

但敌我力量对比太悬殊了,在血雨腥风中,起义军与敌人搏斗了两天两夜,伤亡惨重,被迫后撤。这时,刘伯承果断地决策:为了保存有生力量,起义军暂退开江休整。

起义军遭到如此重大的挫折,士气锐减。刘伯承一直走在部队中,勉励和开导那些失去信心的士兵。宿营时,他就同老乡摆龙门阵,宣传北伐战争。他昼夜奔忙,经常睡得很晚。有一晚,在农民家中,卫士铺好了床,请刘总指挥休息,却找不到他的踪影。找了半天,才发现,刘伯承以手作枕,倒在灶房中的柴草堆上睡着了。从此,"刘总指挥行军不坐轿,借宿不睡床"在起义军中广泛传诵,成为佳话。

顺庆起义军移驻开江后,进行了整训。精神面貌

一新，受到百姓的称赞。

这时，泸州的起义军仍占据着泸州这个战略要地。顺庆起义军转移后，各路军阀都把视线转向了泸州。为了保存泸州，中共重庆军委决定，刘伯承即刻回到泸州，全权指挥泸州起义军。

1927年初，杨闇公、刘伯承回到重庆，为刘伯承赴泸州作准备。他们刚到重庆，盘踞在重庆的军阀刘湘就派人对他们进行监视。两人研究好了摆脱敌人的办法。杨闇公对刘伯承说："你到泸州要秘密，我设法掩护你。"刘伯承点了点头，又翻出空空的衣服口袋，诙谐地说："我包包里一文不名，没有路费。"杨闇公拍拍他的肩膀笑着说："你自己想办法，你不是在菜园坝还有几间房子吗？"一听这话，刘伯承也笑了起来。他立即托人典当，凑足了去泸州的路费。

一个清晨，正是农民出来挑粪的时候，一位头包青布帽子的挑粪人，来到刘伯承家。几分钟后，"挑粪人"挑着满满的粪桶走出了刘家。这一切，刘湘的密探都看得清清楚楚，他们怎么也没想到：刘伯承已经从他们眼皮底下溜走了！

这天上午，杨闇公也来到刘湘家里，搜肠刮肚地找出各种话题缠住刘湘。等杨闇公离开刘家后，密探们才得到机会报告刘伯承已经离开重庆的消息。刘湘大吃一惊，急忙派人追赶。但刘伯承先骑快马单骑走了几个小时，追兵赶了一百多里地也没赶上。

这时，泸州外有军阀，内有潜伏的叛徒，局面混乱而复杂。刘伯承一到，便采取了一系列果断、有力的措施，进行整顿，仅两个多月，就使泸州面貌焕然一新。

1927年3月31日，重庆市工人、学生及各界群众3万余人在打枪坝集会，反对英美帝国主义炮击南京，反对刘湘以川滇铁路作抵押密订卖国条约。刘湘秉承蒋介石的旨意，开枪屠杀集会群众，制造了震惊中外的"三·三一"惨案。4月2日，杨闇公被捕，6日惨遭杀害。4月12日，乘着蒋介石的反革命气焰，刘湘也公开发出讨伐泸州起义军的通电，气势汹汹地进逼泸州。

敌人以10万之师来攻打只有两个旅兵力的泸州，但由于刘伯承的周密部署，打了40多天，泸州仍在起义军手中。

在战场上占不到便宜，敌人便施展了拉拢引诱的手段。陈兰亭等人为了换取敌人许下的"师长"官衔，竟然准备出卖刘伯承。他们来找袁品文，明目张胆地说："要解泸州之围只有交出刘伯承总指挥和共产党派来的政工人员为质。现在其他人都同意，就看你了。"

袁品文是个具有正义感的军人，他斩钉截铁地回答："我们在为难的时候，希望总指挥来帮助治理部队，

一遇到困难就想牺牲长官来保全自己，像这样，以后谁还敢相信我们？你们要交人么？对方不相信的是我，我愿把妻子儿女交给对方做人质，这就够表示我的诚意了。想要交出刘总指挥和政工人员，除非我死！"袁品文等来人走后，马上向刘伯承报告了这个叛变的阴谋。

刘伯承的处境越来越危险，组织决定他马上撤离泸州。

5月17日拂晓，刘伯承同几名政工人员悄悄撤离了泸州城。刘湘得知刘伯承出走的消息，急忙派人跟踪追捕。途中，刘伯承与追兵相遇。一看情况不妙，刘伯承机警地转向右侧小路上往北而走。等敌人醒过味来，派兵追赶时，刘伯承一行人已走得无影无踪了。

泸顺起义历经167天，虽然失败了，但它为中国革命暴动提供了经验。刘伯承堪称中国共产党人进行革命暴动的先行者。

参与组织南昌起义

1927年7月,在中国革命史上是一个重要时刻:武汉国民政府由倾向革命转向大地主大资产阶级的政治代表蒋介石一边,宁汉合污,共同"分共"。而中国共产党人武装回击反动派屠杀的革命大风暴,正在长江流域的武汉、南京、南昌等几大城市紧张地孕育着。值此山雨欲来风满楼之际,刘伯承向国民政府军事委员会请了"病假",跟随中共中央领导人、南昌起义前敌委员会书记周恩来前往九江、南昌,参与南昌起义的组织发动工作。

根据周恩来指示,刘伯承协助起义总指挥贺龙拟定起义计划。他与贺龙早已相识,此次重逢,两人分外高兴。起义计划拟定后,又得到前敌总指挥叶挺的赞同。随后,刘伯承前往中共江西省委传达中共中央关于南昌起义的指示和计划。据此,中共江西省委召开紧急会议,布置各群众团体、地方党组织,准备协助起义军搞

好通讯联络、后勤、宣传等工作,并以工人纠察队、农民自卫军配合起义行动。

8月1日凌晨2时,由周恩来、贺龙、叶挺、朱德、刘伯承等组织领导的南昌起义开始,各参战部队按预定部署向敌人发起进攻。战斗中,刘伯承一直和起义军总指挥贺龙在一起,共同指挥战斗。他们冒着敌人的枪林弹雨来到前沿,仔细观察敌人火力情况,指挥部队调整进攻方向,采用正面压制,两侧迂回的战术,很快就攻占了敌指挥部。至6时,起义军完全控制了整个市区。上午9时,刘伯承和李嘉仲作为四川代表,出席了国民党各省党部、特别市党部、海外党部代表联席会议。会议选举了谭平山、宋庆龄、周恩来等25人组成的革命委员会,推选出谭平山等7人主席团。革委会下设秘书厅、农工委员会、宣传、财政、党务委员会和参谋团、总政治部等机关。刘伯承为参谋团团长,周恩来、贺龙、叶挺、蔡廷锴等为参谋团的成员。随后,起义部队进行整编,虽仍沿用国民革命军第2方面军番号,但实际上已成为一支由共产党独立领导的人民革命军队,刘伯承作为这支军队的缔造者之一而永载史册。

8月1日19时,刘伯承在总指挥部召集参谋团会议,根据中共中央依靠海口取得国际援助,组织力量重新北伐的指示，确定起义部队撤离南昌城、南进至东江的行军路线。经过讨论，刘伯承集中与会多数人意见，决定经临川、会昌、寻乌进入嘉应州地区，因为这条路线是小路，仅有3000多弱敌，即便敌人从他处调兵，也容易将其各个击破。8月3日，起义部队按参谋团会议决定，主动撤离南昌城向临川进发。

8月25日，根据敌屯重兵于会昌的敌情，参谋团在瑞金召开会议，一致同意刘伯承提出的作战方案：为夺路南下，决定进攻会昌。战斗打响后，刘伯承随周恩来到叶挺部队指挥。在会昌城，刘伯承得知起义军第二十军参谋长投敌，起义军南下的目的、路线已完全暴露，遂建议召开参谋团会议，确定部队重返瑞金，改经长汀、上杭进入东江。行军途中，他给官兵们讲带兵打仗的经验。由于全国革命形势已转入低潮，起义部队经过的许多地区农运已失败。这样，部队愈来愈孤立无援，相反，反动军队却蜂拥而至。9月28日，起义军与敌激战场坑，伤亡严重。30日，潮州失守。至此，起义军败势已无法扭转。

10月3日，周恩来、刘伯承率革命委员会和总指挥部机关到达普宁县流沙镇。在此，周恩来、李立三、贺龙、叶挺、刘伯承等及国民党左派人士举行最后一次决策会议，决定重要军政干部和文职人员经海路撤离，

武装人员经云落北去，与当地农民运动结合，坚持武装斗争。7日，刘伯承和林伯渠、贺龙等到达陆丰县，乘船经香港转赴上海。

留苏

1927年11月,刘伯承受中共中央派遣赴苏联,先是进高级步兵学校学习,后又转到伏龙芝军事学院这所苏联最高军事学府就读。在欢迎中国学员的大会上,苏联高级步校政委高兴地说:"刘伯承是中国著名的军事将领,南昌起义的参谋长,他和一批优秀军官来本校学习,是本校的光荣。"刘伯承则谦虚地代表其他学员致答词:"我国革命事业暂时遭受挫折,党派我们来到列宁的故乡学习,这是极大的荣幸。我们要努力学习,勉作布尔什维克,国内的革命事业在等待着我们。"这番讲话,博得了与会者的热烈掌声。

年已35岁的刘伯承,以"国内的革命事业在等待着我们"自勉,开始了刻苦、紧张的军校生活。在苏学习期间,他取了个苏联名字,叫阿发那西也夫。军帐中足智多谋、战场上冲锋陷阵的刘伯承,变成了埋头苦读、孜孜不倦的普通学员。他认为,俄文这一关难闯,

但此关不过，怎能"钻研主义、精通军事以报祖国"？于是，他"视文法如钱串，视生字如铜钱，汲汲然日夜积累之；视疑难如敌阵，惶惶然日夜攻占之，不数月已能阅读俄文书籍矣"。为学好俄文，他自备单词小本，每日在手心上写满生词，直到记熟后才另换新词，他早起晚睡，走路上厕所都背诵熟记。很快，刘伯承就能直接听教官用俄语授课，直接阅读俄文教材了。他抱着为革命勤奋学习的明确目的，凭着坚忍不拔的革命毅力，克服了年龄大、身体差的不利条件，攻读各门课程，结果成绩都是优秀，受到校领导和中苏同学的好评。

"党随时都可能叫我们回去参加战斗"，刘伯承就是以这种信念为动力，在伏龙芝学院努力学习战略、战史（第一次世界大战史、苏联内战史）、军事地理、俄文等课程。他学习军史或军事理论，善于结合实战。每学一门课，他都认真联系自己过去参加、指挥过的战斗战役，总结经验，分析教训。因此，无论是课堂提问、图上作业还是野外演习，他都比一般同学学得扎实，理解得深。

1928年6月，刘伯承作为代表，出席了中国共产党在苏联莫斯科举行的第六次全国代表大会，并在会上继周恩来作的组织问题和军事问题报告后，作军事问题的副报告。他的报告从五个方面，系统分析了半封建、半殖民地中国军阀制度产生的原因、本质及其组成状况，指明农民、士兵暴动的条件是各帝国主义侵华势力和各军阀集团对民众的残酷剥削、压迫以及他们之间的倾轧和争斗。

副报告详细阐述了中共开展兵运工作的意义、方针和办法。他建议全党："对于军事，人人都要重视它、学习它，武装工农、领导工农夺取政权。"中共六大为总结党领导武装斗争的经验教训，成立了南昌起义、广州起义等专题委员会。作为南昌起义的领导者之一，刘伯承参加了南昌起义委员会的工作。作为一位出色的军事将领，他虽在异国他乡平静安宁地度日，却渴望尽早地投入到祖国人民解放的武装斗争中来。

在苏联，刘伯承看到毛泽东写的《中国的红色政权为什么能够存在》、《井冈山的斗争》这两篇文章的初稿后认为，前一篇"打开了我的眼界，增强了我的信心，看来中国革命的前途是光明的"。当然，"中国革命同苏联情况不一样，中国一定要依靠农民，武装农民；否则，中国革命是不会成功的"。他从后一篇文章反映的情况看出，国内的斗争还是非常困难的，很想马上回国，"上井冈山和毛泽东、朱德同志去一起战斗"。

主办红校

1930年8月初,刘伯承由苏联回国抵达上海,立即被任命为中共中央军委委员兼军委参谋长,参与策划组织全国武装暴动。这时,国内红军已发展到10万人、7万支枪,建立了十几块革命根据地,军阀混战严重削弱了反革命力量。李立三等中共领导人,不适当地估量革命有利条件,发展了党内原已存在的"左"倾冒险主义错误。而刚回到国内,缺乏对根据地和白区革命力量深入了解,有着坚强组织纪律观念的刘伯承,不能不受到这种错误路线的影响。李立三等制定了以武汉为中心的全国总暴动和集中红军主力进攻中心城市的冒险计划,命令许多大城市立即组织总同盟罢工和武装起义。刘伯承对此未能在全局上提出反对意见。紧接着,刘伯承受周恩来指派去武汉担任长江局军委书记,贯彻共产国际指示,中止武汉暴动计划的实施。当年底,他又奉命返回上海中共中央军委机关,协助周恩来处理中央军委日常工作。当时,他在中共党内被看做是无产阶级的"孙武"。他主办半月至一个月的短期训练班,还用很大精力翻译《苏军步兵战斗条令》等著作。

1932年1月,刘伯承结束了白区地下党组织的秘密工作,来到了盼望已久的中央革命根据地首府瑞金,被任命为红军学校校长兼政治委员。毛泽东、朱德十分器重他的军事才干,当1929年党中央想调毛泽东、朱德去上海工作时,他们就提出,如朱、毛离队,必须由刘伯承和恽代英来主持红军。而刘伯承对毛、朱也十分敬重,他在苏联时就提出要回国上井冈山同朱、毛一起战斗,回国后又主动要求来中央苏区工作。此时他根据毛泽东"我们要把红校办成'红埔'……把红校办成培养干部的基地"的指示,把全部精力投入到办好红军学校上面。他认为,红校"不能够本本主义,全套应用苏联红军的战斗条令和其他军事教程,而反动军队的典范和教程,则更不必说了"。他组织教员编写教材并亲自修改审定,仅一个月就装订出军事教材9种,6249册。他要求教员备好课程,生动讲授。他带领学员观察实际地形地貌,参照地图,讲授地形学。他强调学以致用、连贯知识、一丝不苟,学完一段课程就要进行沙盘作业和实地演习。总之,就是"要设法帮助学生纵横贯穿起来,使其脑力成为有组织的系统化"。

一次，有的学员对教员讲授射击原理中的弧形弹道不理解，总认为弹道是一条"直道道"。在场听课的刘伯承当即启发道："你们观察过顽童撒尿吗？你看那个'弹道'是一条直线呢，还是弧形的呢？"妙趣横生的生活事例逗笑了大家，也解释了教学中的难点。此刻，在苏联那个刻苦勤奋的学员，又变成了一位循循善诱的导师。

出任工农红军总参谋长

1932年10月，刘伯承就任中国工农红军总参谋长，协助朱德总司令、周恩来总政治委员在前方指挥作战。他一到任就参加领导了著名的第四次反"围剿"作战。当时，蒋介石用于"围剿"中央苏区的兵力达四五十万人，而红军只有7万余人，无论是兵力，还是武器装备，敌人都占尽上风。可以想象，在"军事上负总责"的朱德、周恩来肩上的责任、压力有多么沉重。刘伯承沉着冷静，积极主动地工作，尽量替他们排忧解难。他带领作战局长张云逸、情报局长曾希圣等，组成精干的指挥机关，昼夜在朱德、周恩来身边值班。

此次"围剿"，国民党军分兵三路：中路军总指挥陈诚，率12个师，在抚州、浒湾地区集结，向广昌进攻；左路军总指挥蔡廷锴，指挥6个师又1个旅，进至光泽、清流地区，向长汀、瑞金方向进攻；右路军总指挥余汉谋，也率6个师又1个旅，进至信丰、寻乌地区，

向兴国、于都、会昌进攻。三路大军数十万人，向中央苏区扑来，来势凶猛。

1932年6月，中国工农红军第一次成立总参谋部，叶剑英是第一任总参谋长。4个月后，刘伯承接任该职。在第四次反"围剿"中，刘伯承所率的总参谋部成功地发挥了军事谋略指挥机关的作用。

1933年2月4日，苏区中央局作出决议，要求红军在敌军部署未定之前，先发制人，攻占敌军重兵驻守的南丰和南城。

周恩来等人没有执行这一错误命令，而是坚持了集中兵力在运动战中各个歼灭敌人的方针。

第一战是攻城打援。打南丰，陈诚第1纵队的3个师吸引了来援南丰。情报局长曾希圣在弄清援敌的行进路线后，立即向刘伯承作了报告。刘伯承向周恩来、朱德同志提出了相应的建议，获得采纳，以林彪、聂荣臻为左翼队，董振堂、朱瑞为右翼队，分头侧击和兜击敌军。

2月27日开始，双方接战。激战两个昼夜后，红军分别在大龙坪的狭长山谷地带和霍源以北地区，干净利索地歼敌2个师，毙敌第52师师长李明，生俘敌59师师长陈时骥。

第二仗发生在3月中旬。在大龙坪和霍源吃了大亏的陈诚,决定重整旗鼓,将功补过。他命吴奇伟指挥的3个师为前纵队,罗卓英的3个师为后纵队,前后两纵队重叠行军,由东陂、黄陂经新丰、甘竹直趋广昌。

红一方面军指挥部设在东韶地区吴村的一个地主宅院里。周恩来、朱德、刘伯承安坐作战室,静静地等待敌军的到来。

3月19日深夜,赣南的天空飘着霏霏细雨,气温骤然下降。警卫员给指挥部的厢房里拨旺了炭火,又端来了一盆香喷喷的炒黄豆给首长们作夜餐。

打运动战,快速、准确的情报工作就显得格外重要。

一个晚上,曾希圣的情报局连续送来了3份敌情报告。

第一份情报称:"敌前纵第14师、10师、90师和第5师经东陂、新丰向甘竹前进;后纵第9师占领东陂山地区阵地,第11师进驻黄陂。"

朱德嚼着黄豆,沉思道:"我们的战略,还是要各个击破。"

刘伯承拿着放大镜,仔细研究着地图,半响,对朱德说:"敌后纵队远离前纵百余里,已成孤势。陈诚的王牌第11师正位于地形复杂的草台岗,我看可以在草台岗准备战场。"

朱德点点头，采纳了总参谋长的建议，定下了打敌后纵的决心。

很快，第二份情报送到指挥部，说敌前纵后缩，与后纵已成策应之势。朱、刘只好重新研究作战方案。

当村里的雄鸡发出了第一声啼唱的时候，第二个作战方案终于形成了。刘伯承还没来得及揉揉酸疼的眼睛，第三份敌情报告又到：敌第11师并未北撤，后续部队和辎重已于天黑前全部进入草台岗，正冒雨彻夜构筑工事。

第二个方案算是白研究了，但他们还是很高兴。刘伯承这才想起拈颗黄豆放进嘴里，笑着对朱德说："看来陈诚的这块王牌真要砸喽。总司令，下命令吧。"

朱德嘿嘿一笑，对作战参谋说："请恩来同志。"

连日来，因为跟后方中央局首脑意见分歧而文电交驰，周恩来感到疲惫不堪。他红着双眼来到作战室，听完了总参谋长刘伯承的汇报后，道："总司令、伯承同志，我完全同意你们打敌后纵队的作战方案，命令部队行动吧。"

21日拂晓，红军向草台岗守敌发起猛攻，激战至黄昏，除敌第11师师长萧乾中弹受伤外，还伤敌旅长1人，毙敌团长3人，营以下官兵伤亡惨重，俘敌3000余人。另歼敌第59师第175旅、第9师1个团大部，红军大获全胜。

正在抚州的陈诚听说他赖以发家的第11师被歼后，当即口吐鲜血，痛哭流涕，称这是他平生以来的"奇耻大辱"，随后急令吴奇伟、罗卓英率部后撤。

蒋介石发动的第四次大"围剿"，以损兵3万余人而匆匆收场。

在紧张的作战之余，刘伯承深入研究了苏军和西方军队的编制体制，并按现代战争要求，组建了红军司令部。他把作战、通讯、侦察、医疗卫生、军需供应、部队补充等等，都纳入了司令部的工作范围之内，并加以制度化。

刘伯承在经过研究后，把军队指挥的历史演进划分为三个时期：第一是司令时期，指挥机关非常简单，只是由首长、文书员及乘马通讯员组成。如拿破仑时代，他本人亲自发口令指挥战斗。第二是指挥时期，有了指挥作战的司令部，有了参谋人员帮助指挥。第三是组织作战时期，刘伯承说，"这就是我们现在所处的时期"，司令部成为首长指挥军队作战的指挥机关。

当时，红军中的一些人对于司令部的职能还不太了解，以为有了司令部就会剥夺首长权力。或者以为司令部人员就是古代的策士和幕僚，只要向主公献献计就完了。刘伯承给司令部工作以一个科学的划定：

"司令部主任——参谋长就是首长的第一个助手和代理人。因此，首长应使司令部在自己决心之下自动而宽大地活动起来。而司令部则应重视首长下决心的权力，站在首长的阴影里，根据他的决心组织作战，以至监察其实施。"

刘伯承把红军司令部的建设向前推进了一大步。连后来撤了刘伯承职的共产国际顾问李德，在他的"伤心"著作《中国纪事》中也承认，"我们这些高一级的参谋部，特别是由于刘伯承的努力，还是比较好地发挥了作用。"

刘伯承还成功地改革了红军中的称谓。如今部队中八大员的称呼，就是从他这里开始的。从南昌起义以来，红军一直沿用国民党旧军队的称谓。刘伯承来苏区当总参谋长后，把带兵的统称为指挥员，当兵的叫战斗员，号兵称司号员，马夫称饲养员，伙夫称炊事员，挑夫称运输员，等等，这些称谓一直沿用至今。

刘伯承的总参谋长当了约两年，直到红军长征前夕。原因是一个叫奥托·布劳恩的共产国际顾问对刘伯承看不顺眼，把他撤了。这个人的中国名字叫李德。差不多也是因为这个人，红军被逼上绝路。

长征途中:"刘伯承是条龙"

1934年10月,鉴于第五次反"围剿"的失败,中央红军被迫撤离中央苏区,急促、秘密地开始西向作战略转移,即后来震惊世界的二万五千里长征。

长征前夕,刘伯承被"左"倾中央领导人错误地降职使用,调任红5军团参谋长,在这个岗位上,他毫无怨言,照样把参谋长工作和整个军团的司令部工作搞得有声有色。3个月后,当湘江战役惨败,"左"倾领导人在军事上束手无策之时,众望所归的刘伯承又被召回军委总部,重新担任总参谋长一职。

长征开始后,刘伯承所在的第5军团长期担负掩护红军全军的后卫,保护着中共中央、中革军委及直属部队的后方安全。刘伯承为第5军团制定了严密的行军、作战方案,并切实组织实施。他以军团的两个师互相掩护,轮番转移,稳妥地交替前进,又以1个主力团作后卫,以备情况紧急时坚决挡住敌人,使军团能迅速布置

阻击。并派军团侦察部队前出与敌保持接触,迷惑敌人,隐蔽红军主力行动意图。

刘伯承指挥中央纵队、红一军团第2师、干部团突破乌江以后,命令一部夺取遵义城。他亲自部署攻城。要求部队既要拔除守城敌军的外围据点,斩断其触角,又不让城中守敌知道,要秘密全歼。他强调:"既要求仗打得好,又要伤亡少,还要节省子弹,这就需要多用点智慧!"当听到攻城部队摸清守军底细,准备化装成敌人,并利用被拔掉的外围据点的俘虏去炸城的设想时,他支持了这个方案。

在智取遵义城后,他又及时派出一支部队抢占遵义城北90里的娄山关,要求他们"夺关快、伤亡少"。这些果断、迅速的军事部署使红军连连得手,并获得了宝贵的休整时机,也确保了遵义会议的召开。

作为红军总参谋长,刘伯承参加了1935年1月15日至17日中共中央在遵义召开的扩大会议,并在会上发了言,批判了"左"倾军事路线的错误,表示拥护毛泽东为代表的正确路线,并建议红军应打过长江去,到川西北去建立根据地,得到了党中央的采纳。

1935年5月初,为执行中革军委关于速渡金沙江的指示,刘伯承决定巧夺渡口和船只。他亲自率领换上敌军服装的红军先遣分队,争分夺秒地向江边急进。途中，一个胖子区长误以为是国民党军队，欢迎刘伯承等到区公所。他告诉刘伯承，上级来了命令，要烧船封江。刘伯承将计就计，边喝水边说："我们也是来执行这个任务的，你把公文拿来看"，并问烧船没有。胖区长赶紧递上公文，说刚接到公文，还没有烧船。刘伯承说："很好，这事由我们来办吧。"接着又仔细地一一问明江宽、流速、水深，守渡口的兵力情况，然后厉声告诉胖区长：我们是红军！并派侦察组跟着胖区长到江边找船。结果，不费一枪一弹就控制了两条船。当刘伯承获知全军都要从皎平渡过江时，立即命令宋任穷留下工兵连坚守渡口，先遣营连夜翻山20公里抢占要点通安镇。途中，我军打垮了赶来增援的敌军。指战员们说：刘参谋长指挥真是英明，昨晚要是在江边宿营，让敌人翻过山来，居高临下往下压，我们不知要付出多大代价啊。5月4日至9日，军委纵队及红军绝大部分部队，均由皎平渡过江。巧渡金沙江的胜利，使长征开始以来遭受几十万敌军围追堵截的中央红军摆脱了困境，从而赢得了战略转移的主动权。

　　毛泽东和周恩来等，对刘伯承指挥渡江战斗和渡江工作巧妙有方倍加称赞。毛泽东风趣地说："前几天，一些同志担心我们被敌人挤上绝路，渡不过江。当时我就对恩来、朱德同志讲，没关系，四川人说刘

伯承是龙下凡,江水怎么会挡得住龙呢?他会把我们带过江的。"周恩来也高兴地说:"我们这不是已经过来了吗?"在场的人听到这些话,都高兴地笑了。

与彝族首领小叶丹结盟

在军事博物馆的展览大厅里,有一面弹痕累累的红旗,左上角金黄色的五角星放射着光芒,旗的边条上写着"中国红军沽基支队"八个大字。

这面火红的旗帜,记载着刘伯承和彝族首领小叶丹结盟的动人故事。

那是1935年5月,红军在粉碎了国民党军无数次的"追歼"、"堵击"之后,胜利到达西昌以北地区。大凉山上的冕宁城,像逢年过节一样,响起了"噼噼啪啪"的鞭炮声,街里到处挂着红旗,贴着红绿纸写的标语:

"欢迎为民谋利益的红军!"

"拥护共产党!"

"红军万岁!"

红军先遣司令员刘伯承和政委聂荣臻在民众的欢呼声中进入冕宁城。街上的民众,笑嘻嘻地拱手为礼,有

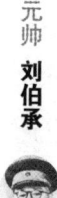

的喊着:"长官先生辛苦、辛苦!"有几个年纪大些的在后面议论起来:"看,那就是打遍四川无敌手的刘伯承!"

"有人讲他是刘伯温转世,打仗百战百胜咧!"

"他带着红军先遣队,一路上谁也挡不住!"

"嗬,真厉害!"

红军进城以后,立即在我党地下工作人员的配合下,散发军粮救济穷苦人民,打开监牢放出大批"政治犯",群众的情绪十分高涨。有几个彝族同胞,含着热泪,跪倒在刘伯承的面前,又是叩头,又是作揖,感恩不尽。

刘伯承问:"他们犯了什么罪?为什么被抓进班房了?"

旁边的人说:"他们是彝族首领的子弟,被国民党反动政府抓来当人质的。"

刘伯承点了点头,愤慨地说:"反动派制造的民族隔阂,坑害了多少人啊。"并吩咐左右,让他们好好款待彝族同胞。

当时,军情十分紧迫。部队必须迅速通过从冕宁到擦罗这一带彝民居住的地区,然后到安顺场抢渡大渡河。可是,这条路很窄,很难走。特别是从菩萨冈经铁团团,出筲箕湾这一段,几乎全是悬崖绝壁,路隘沟

▲ 参加红军的部分彝族战士

深,异常危险。尤其是历代反动派制造的民族隔阂,使当地彝民对汉人恨之入骨,要么见汉人便杀,要么剥光衣服赶下山。凉山一带被视为汉人的"禁区"、"绝地"。当年太平天国的石达开军,被清军逼迫得无路可走,陷入了这条险道。太平军经历千辛万苦,先头部队已冲到安顺场,但后尾部队却遭到冕宁杨总爷率领杂色队伍的袭击。就这样,太平军连大渡河也没有来得及过,便全军覆没了。

作为红军先遣司令员的刘伯承,深知自己肩上的责任。这半年多来,他奉党中央和军委的命令,带领红军先遣支队斩关夺隘，突破乌江，四渡赤水，智取遵义，巧渡金沙江，为红军大部队杀开了一条血路。眼下，红军能不能通过彝族区，到安顺场抢渡大渡河，是关系到红军生死存亡的关键一仗。

在临时指挥所，刘伯承激动地对大家说："同志们，国民党反动派想让我们变成第二个石达开，这是做梦！我们是中国共产党领导的工农红军，我们能克服一切艰难险阻……"

正在这时，有人进来报告："刚才我们到彝区的地界上了解情况，看到有十多个男女被彝民赶下山来了，衣服全被脱光了，一个个都赤条条的……"

刘伯承说："快找些东西给他们遮上，打听一下是什么人。"

报告的人点了点头："衣服已给穿上了。开始他们称自己是小商人，后来一问才知道是冕宁县政府的官兵和几位国民党军的团长太太。他们被彝民缴了枪、弄得精光，侥幸活了一条命回来。"

一位参谋插话说："我们是红军，不欺侮彝民，他们会客气一些的。"

"不，"刘伯承沉思后说："反动派制造的民族隔阂，不可能一下子消除。要充分估计眼前的困难，做好各种准备。"

突然,一位指挥员冲进来,气鼓鼓地说:"这些蛮子太不像话啦!"

"怎么回事?"

"我们工兵连的同志进山开路,也被他们把衣服脱光了,战士们都气火啦,准备要打!"

"不能打!"刘伯承镇静而又果断地说:"通知部队停止进山。要严格执行命令,遵守民族政策,谁也不能随便开枪。"

那位指挥员焦急地说:"时间不等人啊,国民党军很快就会追来的。"

刘伯承一边说,一边扎上皮带:"越是这种时候,越要冷静,不能毛躁。国民党一定在彝民中作了许多挑拨离间、造谣中伤的事,彝民对我们还很不了解,要耐心做工作。"刘伯承走出门,还风趣地对大家讲起了历史故事:"你们知道诸葛亮'五月渡泸,深入不毛',七擒孟获的故事吗?"

一个参谋回答说:"听说过,孟获也是蛮子,诸葛亮俘虏了他7次,每次都把他放了,最后感化了孟获。"

刘伯承笑了笑,边走边说:"对,孟获大概是金沙江一带的少数民族首领,英勇强悍,他们不愿意汉人去压迫他们。这里的彝民也有点孟获遗风哟,谁也不愿意受别人压迫的。"

大家听着，也轻松地笑了起来。

刘伯承接着说道："我们共产党人应该比诸葛亮高明一些，要有气魄消除历代反动派制造的民族隔阂。只要我们诚心诚意和彝民交朋友，这座山就能翻过去，大渡河也能飞过去，国民党的一切阴谋都会破产的。"

说完，刘伯承又对旁边的廖志高吩咐道："派人去做好那些彝民'人质'的工作，宣传好我党的政策。"接着又说："这城里一定有石达开部队的后代，能找得到吗？"

廖志高回答说："有个叫陈志喜的，是我们的地下党员，他的祖上就干过太平军。"

"哦，我们找他去。"刘伯承十分兴奋地说："你们看，人民要革命，火种是不会断灭的。"

说话间，他们来到了一家小酒店，这正是陈志喜作职业掩护的店铺。

经过了解，他们知道当地彝族分为三个支派：沽基、老伍、罗洪。到安顺场必须通过他们三家的地盘。这三个支派中，罗洪家受国民党的欺骗比较深；老伍家属于中立；沽基家受国民党压迫很深。而且，他们还了解到，这三个支派结有冤仇。罗洪家时常借着国民党的实力，同沽基家打"冤家"。根据这个情况，刘伯承决定先派人到沽基家联系，准备谈判借路。

陈志喜说:"沽基家的首领叫小叶丹,常常到我这里来喝酒。我托那些'人质'带个信去,他会派人下山来的。"

刘伯承赞同说:"这个办法很好,要快,要抓紧时间。中央的领导同志和后面的大部队很快就要上来了,必须尽快打开通道。"

"连夜派人上山。"陈志喜答应着,又建议说:"沽基家现在处境不好,可能会想借用红军的实力。"

"我们不会替他打冤家,但是先要拿出点实力给他们看。"刘伯承转身对旁边的指挥员说:"挑20个强壮的小伙子,全部带德国式的冲锋枪,到我这儿来。"

"是!"

几个小时以后,送信的人就返回来了,而且小叶丹还派了自己的管家来探听红军的虚实。

廖志高、陈志喜将他们带到刘伯承的住处。

管家进门一看,就被红军的威风怔住了:只见客厅两旁各站10名威风凛凛的士兵,一律红领章、红五星,佩带着德国式冲锋枪。

管家尊敬地说:"刘长官是川中名将,我们早闻大名。小叶丹首领欢迎你去谈判。"

刘伯承马上起身:"好,就走。"

管家又笑眯眯地说:"首领吩咐说,谈判者请不要

带武器，只能去1个随从。安全有我们保护。"

刘伯承把手枪取下，放在桌上，又对旁边的一位参谋说："你跟我去。"

左右的人都紧张起来，上前拦住刘伯承，异口同声地说："刘司令，你不能去！"

刘伯承十分镇静地说："为了红军，为了抗日，我必须去，请大家放心。"

讲完，刘伯承就骑着马、带着参谋，随管家进山。

彝族沽基家首领小叶丹，是一位彪悍的青年人，生性刚烈、倔强、直爽，在家族里颇有声望。以往，他早就听说过刘伯承在四川的威名，这下又亲眼看到红军的刘司令浑身是胆，无所畏惧，更是百倍敬重，连声说："红军有胆量、有胆量。"

刘伯承趁势对他进行宣传，讲红军借路北上抗日的道理。小叶丹听了连连点头，当即表示要和刘司令结为兄弟。

刘伯承也爽快地说："那好，我们可以把彝民和红军召集到一起，搞个结拜仪式。"

小叶丹唯恐刘司令"变卦"，要求先结拜兄弟，然后再补个仪式。刘伯承一看小叶丹是个讲信义的人，便欣然同意。两人出门，在一个小水塘边舀了两碗水，以水代酒，对天盟誓……

小叶丹当即提出要联合红军打罗洪家的主张。刘伯承耐心地做解释工作,揭露国民党反动派挑拨民族关系,制造矛盾的阴谋。说明彝民是一家人,不应该打冤家,不应该自相残杀。要团结起来,共同对付汉人的官府。小叶丹听后点了点头,派人送刘伯承下山。

次日,部队开始向山里开进。刘司令员又反复告诫红军指战员,要大家坚决遵守党中央的民族政策,不准先开枪。并说明彝区的情况复杂,会遇到各个支派的纠缠,要分清情况处理,不到万不得已,不准还手。

队伍在崎岖的山道上行进着,大约走了20余里的样子,进入一山坳森林。尖兵班的战士跑来报告:"前面巴马房有几个彝民不准我们通过,怎么办?"

一位指挥员立即带着向导到前面去,只见两边山上坐满了彝民,他们"呜呼"、"呜呼"地大声喊着。经过通司(翻译)的交涉和红军的宣传,彝民们才说:"给点钱,让你们通过。"

指挥员掏出200块银元,彝民们一抢而散。可另一股彝民又上来要钱,有的还生气地说:"刚才你们是给罗洪家的了,我们是沽基家的,我们的爷爷(即首领小叶丹)在后边,我们和红军是兄弟,快把钱拿来。"

红军又拿出200块银元,又被一哄而上的彝民抢光。看到少数民族衣衫褴褛的贫困状况,战士们都十分

同情，更激发了对国民党反动派的仇恨。由于言语不通，许多同志只好用打手势的办法进行宣传工作。

突然，"砰、砰、砰"背后响起了枪声。原来是罗洪家的彝民对红军进行袭击，在忍无可忍的情况下，红军被迫自卫还击，将罗洪家的打退了。另一股老伍家的看到了红军的厉害，当即宣布保持中立。

沽基家的马上解释，"我们沽基家的没有打红军，刚才开枪的是罗洪家的人。"

面前情况十分复杂，十分麻烦，一时也分不清谁是哪一家的彝民，谁是好人和坏人。部队急于赶路，遇到这些麻烦是非常令人焦急的。

正在这时，前边有人喊道："爷爷来了！""爷爷来了！"

只见一位光着背、光着脚的大汉子，披着头发走了过来。他的腰上围着块旧麻布，左右跟着十几个手持梭镖的精壮小伙。那人上前自我介绍说："我就是小叶丹，沽基家的小叶丹。我要见你们刘司令员，我们讲好了，讲和不打了，快带我见刘司令去。"

那位指挥员一面派人向刘伯承报告，一面带着小叶丹走，翻过一片山坳，又过了一小片森林，到了一个清水塘，名为海子边的地方。正好刘伯承也到了这里。

小叶丹立刻双手鞠躬行礼，随即在塘边坐下。

刘伯承也席地而坐，问道："不是讲好不打的嘛，怎么开枪呢？"

小叶丹连忙解释说："我们沽基没有打，那是罗洪家开的枪，罗洪家的我管不了他们。"

刘伯承若有所思地点点头。

小叶丹一边打着手势，一边性急地说："说好了结拜兄弟呀。"

沽基家的彝民亲眼看到红军同汉人的官军根本不一样，愿意让红军借路通过。但由于过去他们受汉人官家的欺骗太深，仍然有些担心，怕借路以后就长期占住了。同时，他们也想利用红军的影响，给自己壮声威，用来同罗洪家对抗。于是，小叶丹一再要求按照沽基的传统风俗歃血为盟，才能放心。

刘伯承也笑着说："可以，我们红军说话是算数的。"

小叶丹马上吩咐手下的人到家里拿鸡来。

彝族同胞听到红军的刘司令愿意和他们的首领结为兄弟，都感到高兴和荣幸，许多人拍着手跳起来，欢呼着。

太阳将要落山，晚霞把天边映得红彤彤的，把人们的脸也照红了。

一只大公鸡提来了。一个年纪稍长的彝胞在塘里舀

了两碗清水,放在地上。然后一手拿刀,往大公鸡的脖子上拉去,口中还念念有词:"乙亥年四月×日,刘司令、小叶丹在海子河边结义为兄弟,以后如有反复时,同此鸡一样的死!"

念完,只听得"嚓"的一声,鸡头落地,鲜红的鸡血滴落在冷水碗中。老彝胞随手将血水分为两碗,分别递给刘伯承和小叶丹。

小叶丹抬抬手,示意让对方先喝。

刘伯承正正经经地双膝跪地,举碗过头,按彝民习惯对天盟誓:"我刘伯承同小叶丹,今日在海子边结义为兄弟,如有反复,天诛地灭!"说完,一饮而尽。

彝胞们高声欢呼:"红军瓦瓦苦,红军瓦瓦苦(即红军万岁)!"

小叶丹一面大笑称好,一面端起碗,也是高举过头,念道:"我小叶丹今日同刘司令结为弟兄,愿同生死。"说罢,也是一饮而尽。

"瓦瓦苦!……"又是一阵欢呼声,在海子边久久回荡。

晚上,刘伯承又办了一些酒菜,请彝族兄弟吃饭。小叶丹和手下的人高高兴兴地吃了个饱。

第二天,小叶丹领着一帮人,亲自为红军引路。到了一个山场上,10多个沽基家的人打着红旗,背着长枪，表示欢迎红军。到了山顶上，欢迎的人群更多，彝民们打着赤膊、赤脚，围着麻布、毯子，夹道欢迎红军兄弟。

部队在小叶丹的村庄里休息了一阵。小叶丹恳切地对刘伯承表示，要送20个娃娃到红军里学军事，回去好打汉人的官军，并送了一头大黑骡子给刘司令员。

刘伯承马上给小叶丹送了一批枪支，并给他本人一支手枪，还亲自帮助建立了"中国红军沽基支队"，并授予支队一面大红旗，在大凉山播下了革命的火种。刘司令员还给全支队的彝族红军战士讲话，要他们好好团结彝族同胞，团结汉族的穷人，打倒官军、打倒国民党政府。又吩咐部队给罗洪家族的人做工作，对作战负伤的每人发5块银元，一律释放回家，告诫他们不要再受欺骗。

小叶丹把红军护送出自己的地界以后，又派了4名向导，为红军开路，跟前面的彝胞联络。就这样，红军顺利地通过了彝族区，无敌的铁流，直向安顺场、大渡河奔去！

杰作

指挥先遣队抢渡大渡河,是刘伯承彝海结盟后执行先遣开路任务的又一杰作。大渡河位于横断山脉的崇山峻岭中间,河宽300多米,深30米,河水以每秒4米流速顺乱石嵯峨的河床咆哮泻下。"有船我就有办法!"这是刘伯承马上行军甚至夜晚做梦都喃喃自语的话。因为太平天国的勇将石达开就是由于无法在此渡大渡河而全军覆灭的。刘伯承告诉奉命前来的红1军团第1师第1营营长孙继先:我们会不会成为石达开,就看你们的了。他命令孙营长立即去完成三个任务:第一,歼灭安顺场全部敌人,之后点一堆火。第二,迅速找船,之后再点一堆火。第三,做好一切渡河准备工作,再点第三堆火。孙营长坚决地完成任务后却忘记点火堆的信号。刘伯承和聂荣臻心急如火,等到大半夜,只听枪声不见火光,于是亲自赶到河边。当刘伯承得知1营已占领安顺场并搞到他做梦、走路都想的船时,十分高兴。他指示部队睡好觉，第二天早饭后强渡，自己连夜向有经验的船夫询问大渡河水情和对面敌情。

5月25日上午9时，刘伯承见强渡工作准备完毕，示意强渡开始。轻、重机枪和冲锋号骤然响起，载着17勇士的渡船向对岸驶去。刘伯承、聂荣臻走出掩体工事，站在岸边观察，司号员为首长安全停止了吹号。刘伯承问："号音为什么停了呢？继续吹！"团政委萧华跑上前去夺下号子，挺起胸膛吹起来，刘、聂不顾个人安危，故意暴露目标，吸引敌人火力，保证渡船胜利到达对岸。强渡成功了，但全军从此渡口用一只船昼夜渡河，也得一个多月，这是时间所不允许的，经毛泽东、朱德、周恩来、刘伯承研究决定：已渡河的红1军

▲ 泸定桥，红军夺桥时，敌人将桥板烧毁。红军攀着铁索前进，攻占了对岸桥头堡

团第1师、干部团和未渡河的红1军团2师、红3军团和红5军团分别为右和左纵队,两纵队夹大渡河两岸互相策应而上,夺取泸定桥。

27日,刘伯承、聂荣臻率右纵队向泸定城急进,一路上翻山越岭,抢关夺隘。接近泸定城时,左纵队先锋团已向泸定桥发起总攻。守桥敌军得知桥东、桥西都来了红军,十分惊慌,在攻桥红军的猛烈打击下,残部向天全逃窜。刘伯承、聂荣臻一进入泸定城,就坚持要看泸定桥。刘伯承从桥东走到桥西,对每根铁索甚至每个铁环都看得十分仔细,好像要把整个泸定桥印在自己脑海里。在桥中央,他停住脚步,手扶桥栏,俯视桥下咆哮翻滚的大渡河激流,用力地连跺桥板,感慨地说:"泸定桥!泸定桥!我们为你花了多少精力,费多少心血!现在,我们胜利了!"

坚决北上

阵阵秋风,在西北高原上不时地呼啸,清源河水在峡谷间呜咽着。

1936年深秋,经历了千难万险的红军战士,迈着艰难的步伐向北行进着。

在这长长的队伍中,有一位身材魁梧的红军战士,清瘦的脸上架着一副眼镜,右肩斜背着装文件和地图的皮包,腰间别着一支小手枪,双腿缠着整齐的绑带,他就是当时的红军大学校长刘伯承。

前不久,他曾经是红军总参谋长,中央红军的先遣司令。是他带领红军智取遵义城,巧渡金沙江,穿越彝民区,夺占安顺场,飞渡大渡河,打了许多漂亮仗,为红军长征的胜利立下了汗马功劳。在1、4方面军会师以后,他和朱总司令一起,坚决同张国焘的右倾分裂主义作斗争,张国焘撤销了他的总参谋长职务,改任为红军大学校长。刘伯承在中央任红大校长后,迈着更为坚

毅的脚步，一心一意地坚持北上。

这一带是海拔 2000 多米的高原，山崖陡峭，乱石累累。爬山就像是上"天梯"一样，连那些骡马也在"天梯"面前嗷嗷直叫，乱跺蹄子，就是爬不上去，队伍只好绕道远行。

刘伯承一手拄着手杖，一手抓住旁边突出的岩尖、小树，蹬着岩缝，顽强地向上攀登。他还不时地停下来作鼓动工作："红军战士们，雪山、草地我们都过来了，困难吓不倒英勇的红军，前进啊，翻过这座天山，敌人就无可奈何了。"

战士们像听到冲锋号一样，奋力向前，有的还大声喊道："加油啊，赶上刘校长！"小伙子们你追我赶，很快翻过山梁。看到战士们不畏艰险的精神，刘伯承和爱人汪荣华会心地笑了。

忽然，远处天边传来"嗡嗡嗡"的响声，刘伯承侧耳细听，迅速作出判断："有敌机！"又转身对警卫员说："通知部队，分散隐蔽！"

说话间，乌鸦似的敌机已飞临上空，"轰轰轰"、"哒哒哒"开始了疯狂的轰炸、扫射。

这时，大多数红军指战员已经翻过山去，山这边的人也都利用地形分散隐蔽了，只有几匹牲口惊恐地狂奔乱跳，饲养员着急地用力牵着……

一看这种情形,刘伯承站起身,一面大声喊道:"不要跑!就地趴下!"一面跑过去帮助招呼牲口。

"轰!"一枚炸弹就在他身后炸响,弹片射进了他的臀部,鲜血滴落下来染红了岩石,汪荣华的小腿也负了伤。

"刘校长,您负伤啦!"警卫员一面喊着,一面用手捂住自己的伤口。

"我不要紧,快去看看那几个同志。"刘伯承一手捂着臀部,一面催促:"快,快去!"他一转身,看见警卫员也挂彩了,又马上叫住他,几个人用绷带互相包扎着。

敌机轰炸一阵以后,就飞过去了,部队的大多数同志继续前进,这一边就剩下了他们3个人。刘伯承对汪荣华说:"我们几个伤号落在后面了,也不知道有没有收容队,现在,就数你的伤轻一些,你赶快去追赶部队,报告情况。"汪荣华坚持要搀扶刘伯承一起走,对他说:"我不能丢下你,一个人走,要走,咱们一块儿走,要死,咱们一块儿死。""荣华,敌人离我们远着咧,没关系,放心去吧。"刘伯承忍着疼痛,安慰她说:"如果你没有负伤,搀着我是可以的,但你瞧瞧自己的腿,能行吗?"

汪荣华低头一看,自己的伤口还在渗血,觉得刘伯

承讲得对,如果拖下去反倒大家都危险,便马上表示:"那好,我先去追队伍,你们千万别动地方,我追上部队,马上叫人回来接你们。"

她不放心地一瘸一拐地朝前走去,不时地回过头来张望,刘伯承挥挥手,目送着爱人上路后,慢慢地侧身躺下。他知道,敌机飞过后,周围随时都可能出现国民党的追兵,待在这里是十分危险的,能减少一个人的牺牲,就是为革命保存一份力量。

正当刘伯承在想着这些问题时,警卫员突然喊道:"后面有情况!"气氛骤然紧张起来,他俩马上俯在山坡上,掏出了手枪。后面的来人越来越近,警卫员仔细一看,他们都穿着浅灰色的衣服,原来是负责收容的9班长带着人跟上来了。九班长见刘伯承两手撑地,侧着身子,地下淌着一摊血,赶快上前扶起他来:"刘校长的伤势不轻啊!"

刘伯承舒了一口气,顺手摘下眼镜,抹了抹镜片上的尘土,好像安慰别人似的说:"没得要紧,闹革命,负伤是常事,哪有不流血的革命!红军就是从血泊里爬出来的。"9班长和战士们怀着崇敬的心情,一起上前去搀住他。刘伯承顽强地支撑着,站起来,审视了一下周围地形,果断地说:"敌机返回去以后,后面的追兵很快就会赶到这个地方。现在,我们要继续前进,翻过山去！"9班长点点头，环顾了一下四周，想找一些树棍做成简易担架，来抬刘校长，可周围的山光秃秃的，根本找不着树棍，用什么办法呢？

正在这时，后面又上来几个伤员，9班长看到一些伤员脖子上挂的绷带，受到启发，高兴地一拍大腿："有办法啦，请大家把绑腿解下来，我们给刘校长做一副'软担架'。"战士们七手八脚，把绑腿带拧成一股股绳子，很快就做成了一副"软担架"，架在刘伯承同志的胳肢窝里，搀扶着前进。

"嗯，好兵不用多，一个顶十个。雪山、草地都被我们踩在脚下了，还怕什么啊？！"刘伯承一面忍着伤痛往前走，一面鼓励大家："同志们，翻过这座山，就到了曲子镇，离党中央、毛主席越来越近了，一定要坚持北上……"

看到刘校长高大的身影，战士们耳边又回响起他刚才说过的话："闹革命，负伤是常事，哪有不流血的革命！红军就是从血泊里爬出来的！"是啊，刘伯承就是从枪林弹雨中闯过来的。他为革命出生入死，奔驰战地，曾先后多次负伤，身上弹痕累累，他是用自己的鲜血在铺展前进的道路啊。

想起这些，战士们都感慨万分，许多负伤的同志都振作起来，有的坚决不要别人扶架，有的还背起了自己

的小背包。原来,有一个伤员在山脚下就走不动了,这时也咬紧牙关往前赶,还对班长说:"你不要为我担心,能把咱们刘校长照顾好,我就是爬也要跟上队伍。"

9班长感动地说:"好同志,和刘校长在一起,什么困难我们也能克服!……"

夜幕笼罩了高原,寒星眨着无数双眼睛,这支小队伍一直顽强地向北挺进、挺进!

出任第129师师长

1937年7月7日，卢沟桥事变发生，标志着全国抗日战争的开始。7月22日至25日，中国工农红军前敌总指挥部在陕西省泾阳县云阳镇召集红军高级干部会议，讨论红军改编以及开赴抗日前线等问题。刘伯承等从援西军司令部驻地甘肃省镇原县屯子镇赶来出席。刘伯承在会上发言认为，当前只有抗日才能挽救民族的灭亡，才能争取民众，才能在蒋介石一旦倒向帝国主义时不致被出卖。而我们要把工作重心放在争取民众上面。

一个月后，刘伯承又在陕北洛川县冯家村，参加中共中央为制定正确的抗战路线和战略方针而召开的政治局扩大会议，并着重围绕军事战略问题发表了意见。会议明确提出：红军必须实行军事战略转变，即由国内革命战争的正规战向抗日民族解放战争的游击战转变，实行独立自主的山地游击战方针，使游击战争担负配合正面战场，建立敌后抗日根据地的任务。根据中共中央和

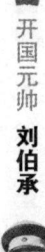

中央军委的任命，刘伯承于8月25日任中央军委委员、国民革命军第8路军第129师师长（29日兼任第129师军政委员会书记），徐向前任副师长，张浩为师政训处主任，宋任穷为副主任，倪志亮为参谋长。第129师下辖第385旅、第386旅、教导团等，全师1.3万人，除留驻陕甘宁边区外，近1万人加紧休整，待命出征。

但是，相当一部分红军指战员，对改编为国民革命军从感情上接受不了，不愿穿戴国民党军队的军装、帽徽。一次，刘伯承在机关直属队作动员报告，有位干部甚至站起来冲动地说："我宁愿回家当农民也不穿国民党军装，戴青天白日帽子！"刘伯承让他坐下，耐心地

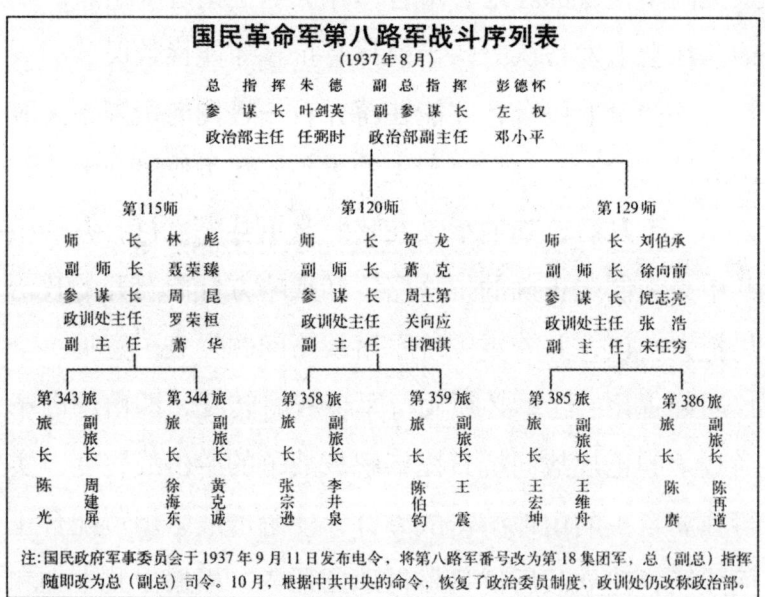

告诉大家:"我也不愿意穿这种军装。但是,同志们,大敌当前,我们必须齐心协力抗日,不把日本侵略者赶走,我们就不能生存。要懂得民族解放就是阶级解放,都闹回家,谁去抗日?革命多年,应该有起码的觉悟。要识大局,不能因个人的好恶,而置国

▲ 第129师师长刘伯承

家、民族的利益于不顾。"随后,他和张浩一起深入部队,做广泛细致的教育工作。

9月6日,第129师举行部队改编和准备出征誓师大会。清晨,天低云浓,细雨绵绵。刘伯承和张浩等提前来到泾阳县石桥镇会场,他们骑在马上,军装已被淋湿。担任大会总指挥的第386旅旅长陈赓见雨渐大,提出等天晴以后再开会。刘伯承神情严肃,马上打断对方的话:不行,军人就是要风雨无阻,决定了就不能随便改。何况今天是我们改编和出征的誓师大会,更不能更改,必须按时举行!"

雨越下越大,指战员们迈着整齐的步伐,喊着口号进入会场。队伍迅速地移动着,很快,近万人面向检阅

台，列成一个庞大的方阵。刘伯承、张浩等站立在简陋的检阅台上，无遮无盖，任凭风吹雨打。一位参谋拿来雨衣，刘伯承问他：你知道为将者应当"冬不衣裘，夏不张盖"吗？参谋赶紧收起雨衣。

刘伯承开始讲话，宣告第129师诞生。他概述了全国及华北的抗日形势，提出："华北是敌我势在必争的战略要点，恶战是免不了的。"紧接着，他又说："经过我们共产党的努力，抗日民族统一战线建立起来了。我们共产党人要把祖国和人民的利益看作最高的利益。现在，大敌当前，国家和民族危在旦夕，我们要把主要矛头指向日本帝国主义。为了抗日救国，挽救国家和民族的危亡，我们要把阶级仇恨埋在心里，跟国民党合作抗日。"

随后，他强调了红军改编的意义。只听他语气沉重地说："同志们，对改编这件事需要从这样的高度来认识，换帽子算不了什么，那不过是形式，我们人民军队的本质是不会变的，红军的优良传统不会变，我们解放全中国的意志也不会动摇。"他拿出自己的军帽，指着上面的青天白日帽徽说："这帽徽是白的，可我们的心永远是红的。为了救中国，让我们暂时跟红军帽告别吧！"说罢，他把黄军帽戴在头上并命令："现在换帽子！"全师指战员随着命令戴上了国民党的黄军帽。接着,刘伯承向各旅、团一一授旗。刘伯承等首长虽然全身被雨浇透了,但仍两腿夹紧马肚,挺直腰板,右手举在脑袋右侧行着标准的举手礼。全场指战员深为感动,对今后在他领导下进行对日作战,充满了胜利信心。

阅兵毕,刘伯承回到检阅台上,带领大家举手宣誓:"为了民族,为了国家,为了同胞,为了子孙,我们只有抗战到底!""不把日本强盗赶出中国,不把汉奸完全肃清,誓不回家!""严守纪律,勇敢作战!""不侵犯群众一针一线,替群众谋利益,对友军要友爱,对同志要忠实!"刘伯承领读着,指战员复诵着,这庄严的誓词化作气吞山河的声浪,此起彼伏,显示了全师将士同仇敌忾,万众一心的坚强意志。

神机妙算叠伏日寇

"丁零……"桌上的电话铃响起来。

刘伯承师长从隔壁走过来,拿起听筒,里面传来一阵合肥口音:"我是卫立煌!……我已经讲过,你们八路军的游击战不行啊。要知道,我的那些正规军都打不过日本人。你们还是避一避为好……"

刘伯承听完这位战区司令长官傲慢、胆怯的劝告,把听筒一撂,气愤地说:"恐日病,恐日病!几个小日本鬼子就把国民党军人吓成这样,还谈什么抗日?真是可悲、可笑!"说罢,继续思考着他刚才思索的问题,又回到地图前,仔细地查看着,比划着,旁边几位指挥员也围拢过来。

"报告!"侦察参谋面带喜色出现在门口。

"看得出来,你带回了好消息。"刘师长迎上去,示意侦察参谋坐下,"敌人在测鱼镇住下了没有?"

"不出师长所料,日军第20师团的迂回部队正向平定开进。后面的辎重部队共有1000余人，已经在测鱼镇宿营。"侦察参谋一边说，一边用手在地图上指了指。

刘伯承略微沉思了一下，然后兴奋地说："嗯，到了嘴边的'狗肉'，一定得把它吃掉！"转身又对旁边的几个指挥员说："你们看，敌军辎重部队显然是准备向平定增援。明天，敌人一定要经过七亘村向平定输送军需物资。"

讲到这里，刘师长拿起铅笔，在"七亘村"三个字上果断地画了一个红圈："我们就在七亘村、南峪之间埋伏下来，出其不意地打击日军，切断20师团与后方的交通联系，钳制敌人西进。"

左右的人会意地交换了一下眼神，满有信心地频频点头。

太行山麓，秋风瑟瑟，夜寒霜重，树叶在夜风中哗啦啦地抖动着，飘落着。

在黑暗中，第386旅第772团第3营的指战员神不知、鬼不觉地进入了伏击地点。刘师长挂着手杖，来到阵地前沿，仔细察看地形，检查战斗的准备情况。他转身对3营长说："部队一定要伪装好，注意隐蔽。"

"是！我再去检查一遍。"

夜，静悄悄的，天边又卷起来一团乌云，淅淅沥沥地下起雨来。秋风、冷雨，袭向战士们的脸上、身上，

使人不由得打起寒噤来，一些小伙子低声地骂道："这鬼天气！"

"不准说话！"旁边传过来严厉的声音。

接着，便是一片寂静，战士们紧握着钢枪，裹了裹已经淋湿的军衣，胸脯紧贴着祖国的大地。

怀表在嘀嘀嗒嗒地走着，3营长掏出怀表，定睛一看，夜光指针对着5时10分，时间好像走得特别缓慢。

"天下雨了，敌人今天还会来吗？"有人这样猜想着。

"刘师长神机妙算，鬼子肯定要来送命。"更多的人用沉着而神秘的目光交换着他们的信念。

此时是1937年10月26日。

天色慢慢亮起来，雨也渐渐小些了，七亘村依稀露出了轮廓：一条长长的峡谷，两旁隆起的大土包，像武士般耸立着，好像在说："今天，非要把日本鬼子埋葬在这里不可！"

这时，前面的侦察员跑回来报告："敌人已经从测鱼镇出发，有200多步兵掩护。"

"好！"3营长沉着地对大家说，"同志们要记住师长的话，一定要等鬼子靠近，狠狠地打！"

上午9时，东边大路上传过来一阵嘈杂的脚步声，日本鬼子的大队人马越走越近，步兵、大车、骡马

队……浩浩荡荡地朝前走着。

侦察参谋上来报告说:"鬼子很狡猾,队伍拉开了距离,前面的先头部队有100多人,中间是骡马、辎重,后面是掩护部队。"

3营长镇静地点点头:"通知部队,把前面的步兵放过去,等敌人辎重部队全部进入伏击圈再开火,一定要沉住气。"

"是!"

一面猪血般的"膏药旗"在前引路,傲气十足的"皇军"慢慢踏进了山谷。鬼子队长贼眼溜溜,扫视了一下两边的地势,发出一声"嗨咿"的嚎叫,示意手下的人提高警觉,鬼子们马上"唰"地把枪端起,无数只铁蹄在泥水中践踏着,向前移动。

草丛里,一双双仇恨的眼睛,迸射着火花,一支支乌黑的钢枪,装填了上膛的子弹,战士们有的按住扳机,有的握着手榴弹,屏住了呼吸……

敌人越来越近,200米……100米……指挥员没有下命令。

80米!……50米了!连敌人的眉毛、小胡子也看得清清楚楚,还是没有打。

蠢猪般的敌人先头部队,昂首挺胸,神气活现地往前走着,"安全"通过了伏击区。这群鬼子根本没有发

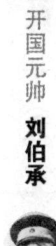

觉山头上埋伏的神兵。接着，辎重、骡马进入了伏击圈，后面的掩护部队也机械地踏步跟进……

正在这时，指挥员一声号令："打！"

刹那间，枪声大作，八路军勇士们居高临下，以猛烈的机枪、步枪、手榴弹等火力，向敌军进行射击。

山谷下的鬼子被这一突然袭击打得晕头转向，狂呼乱叫，慌作一团，骡马四处奔驰，互相践踏。敌军兵力无法展开，火力不能发挥，只是胡乱地朝山上放枪，野兽般地嚎叫。

八路军越打越起劲，一面朝山下射击、扔手榴弹，一面大声呼喊："狠狠打！""叫鬼子见天皇去罢！"

刚刚迈出伏击圈爬上山坳的敌人先头部队，见后面的辎重遭到袭击，赶紧转头救援，有一群狡猾的敌人发现了我军指挥所的位置，马上朝这边射击。

回援的日军先头部队气势汹汹地向八路军阵地猛扑过来。3营长按作战计划，命令侧翼部队堵住这股敌人，并立即组织兵力对其实施火力压制。战士们投出一排排手榴弹，接着几挺机枪集中射击，一齐向冲锋的日军吼叫起来……

战斗激烈地进行着，枪炮轰鸣，弹雨横飞，硝烟弥漫，声震山谷。在八路军的英勇抗击下，骄横的日军被打得人仰马翻，退了下去。3营指战员们高喊杀声，以

泰山压顶之势冲下山去,同鬼子兵展开肉搏战。日军人喊马叫,乱作一团,完全失去控制,所谓"武士道"精神也烟消云散了,残余的"皇军"们嚎叫着狼狈地从原路向东逃窜。

"报告师长!" 3营长拿着一支新缴来的短枪,满脸笑容地向刘伯承汇报战果:"我营共击毙敌人300余人,缴获骡马300多匹,还有大批军用物资,全营仅伤亡10余人。"

"你们打得很漂亮,让日本人尝到了一点厉害。"刘师长兴奋地说,"赶快打扫战场,迅速撤出七亘村,要当心逃回去的鬼子杀'回马枪'。"

"是!"

3营指战员以敏捷的动作,载着缴获来的战利品,很快就撤出了伏击地域。果然,我军前脚撤走,测鱼镇的日军随后就派出部队,到七亘村搬运死尸,同时,四处寻找八路军的去向,可"八路"早就无影无踪了。

3营指战员回到驻地以后,都在兴高采烈地谈论伏击战的胜利。战士们眉飞色舞地说:"刘师长足智多谋,神机妙算,鬼子都快踩到我面前了,心里怦怦直跳,可上面就是不下命令,等时机一到,'哒哒哒'鬼子全都转了向啦,一个个屁滚尿流。"

另一个插话说:"有几个家伙想顽抗,被我们的机

枪手一下就撂倒了，让他们见'天皇'去了！"

"哈哈哈……"

可是，刘师长回来以后，连湿衣服也顾不得换，马上又到师部看侦察报告，了解敌情变化去了。

警卫员小伍拿着一套新衣服上来说："师长，快把湿衣服换下来吧，当心着凉。"

"新衣服是哪里来的？"

"供给部送来的。"

刘伯承皱了一下眉头，认真地说："衣服湿了，烤干后还可以再穿嘛，要是我这个师长换新的，部队怎么办？你赶紧把这新衣服退回去。"

当警卫员刚要出门的时候，刘伯承又吩咐说："叫3营长跑步到这里来。"

过一会儿，3营长真的跑步来了。

刘师长风趣地问："这一仗过瘾不？"

"报告师长，真过瘾！这一夜可没有白挨冻。"3营长坦率地说。

"还想不想再打一个伏击战？"

"当然想啦！"3营长脱口而出，转而又寻思起来：天下哪有这样便宜的好事？刚刚打了个漂亮的伏击，又让打伏击，这不有点"守株待兔"的味道么？可他对师长的用兵韬略是早有所闻的，相信这不是开玩笑，就立刻问道："在哪儿打？"

刘师长用手指往地图上一点："还在这个七亘村"，随后又果断地说："明天就打！还是你们3营去。"

这一下，3营长更加惊讶了："师长，昨天鬼子才中了埋伏，吃了个大亏，明天，他们还会上当吗？"

刘伯承微笑着走过来，解释说："日本鬼子骄横得很，不可一世啊。你想想看，日军紧急增援平定的任务并没有完成，他们的大批物资还堆在测鱼镇，不运走能行吗？从测鱼镇到平定，又非走七亘村不可。"

参谋长也补充说："是啊，日本人也在摸中国的兵法，按照一般的常规来说，会用兵的人不会在一个地方连续搞伏击。可我们能够利用敌人的这些弱点，出其不意地来个'守株待兔'，再给他一次打击！"

"当然啰，兵力布置还是要有些变化。"刘师长在地图上比划着说，"埋伏的地点要稍稍偏西一点，利用七亘村南山的土坎、沟壑、草丛，这些自然地貌，把部队巧妙地隐蔽起来，慢慢等敌人上钩。具体兵力布置，由参谋长给你们交代。"

第二天上午，日本鬼子果然又从测鱼镇出动了。这一次，他们学乖了些，用100多骑兵在前面搜索开路，外加300多名步兵，掩护辎重向西进发。

3营指战员有了第一次打伏击的经验，斗志非常旺

盛,尽管秋雨下个不停,大家还是纹丝不动地等待着鬼子上钩。

将近11时的样子,敌人的骑兵首先进入了伏击圈。这一回,"皇军"们小心翼翼,边行进边搜索,走一段再向后面传递"可以前进"的信号。

可3营指战员更不含糊,他们紧紧贴在地上,一动也不动,沉着、镇静,硬是没被鬼子兵看出破绽来。

骑在马上"打前站"的日本兵一看没有动静,以为可以放心通过了,便得意地吹着口哨,朝后面打旗语,通知辎重部队大胆前进。

敌人辎重部队刚刚进入伏击圈,3营指战员便忽地一跃而起,仿佛从地下冒出来似的,对敌人进行猛烈攻击。勇士们端着刺刀冲入敌阵,展开激烈的搏斗……战斗一直打到黄昏。

由于这次日军兵力较强,我们的增援部队又没有及时赶到,只歼灭了100多名日军,缴获数十匹骡马,大部分鬼子都逃窜了,但整个日军的增援计划,遭到了沉重的打击。

八路军129师在三天之内,盯住七亘村这个地方,连续两次,伏击同一敌人,取得了振奋人心的胜利。这个战例使那些患了"恐日病"的国民党军队大为惊讶,国民党的那位战区司令长官卫立煌,也有些将信将疑,不断派人来打探消息。

刘伯承师长慷慨地说:"把我们缴获的日本大洋马、军刀、大衣,还有其他战利品,给卫立煌送一些去,让这位司令长官见识见识,看看八路军的游击战行不行!"

卫立煌看了送给他的这许多战利品,高兴得合不拢嘴。他亲自点验过目,表示"敬佩不已",连连说:"游击游击,打出了奇迹,还是八路军机动灵活的战术好,接连打了两个大胜仗。"

用兵如神

1938年3月24日至28日,在沁县小东岭,国共双方军队高级将领在一起举行了一次作战会议。

八路军参加会议的有朱德、彭德怀、任弼时、左权、刘伯承、徐向前、徐海东、薄一波、朱瑞、李达等;中央军和晋绥军参加会议的有第3军军长曾万钟、第17军军长高桂滋、第14军军长李默庵、第38军军长赵寿山、第47军军长李家钰、第169师师长武士敏、第94师师长朱怀冰、骑兵第4师师长王奇峰,还有山西新军决死1、3纵队领导等30多人。这一天,第二战区东路军总司令朱德主持会议。

朱德说:"诸位将军,民族危难之际,国共两党高级将领聚在一起,商讨抗日大计,这是一件难得的大事,可庆可贺。鸦片战争以来近一百年,中华民族有着同外来侵略者作斗争的优良传统。今天,国共两党依靠这一优良传统进行的平型关战斗、忻口防御战、正太线防御战、太原会战，是国共两党军队并肩战斗，密切配合进行的。尤其是忻口战役，是一次两党军事合作的模范。在战斗中互相配合默契。周恩来副主席组织八路军和民众抢救友军伤病员，许多八路军的血流进了友军官兵的血管里，这种用鲜血凝成的战斗友谊是战胜日寇最强大的武器。中国军队在民族公敌面前忘记了旧怨。有人说，读诸葛亮《出师表》而不流泪者，其人必不忠。我今天说，凡看见或听见中国军队不记旧怨互相亲密团结而不感动者，其人必不爱国。在山西战场，由于两党军队的团结合作，搅乱了敌人的进攻计划，迫使敌人陷入处处挨打、欲退不可、欲进不能的泥潭中。"

朱德继续说："从129师在神头岭战斗缴获的敌人信件和文件、地图得知，华北日军第一军香月清司为配合徐州台儿庄的作战，决定对晋东南地区进行一次大规模的围攻。他们以第108师团为主力，纠集第16、第20、第109师团及酒井旅团各一部，再加骑兵、炮兵、工兵、辎重兵，一共10个联队3万兵力，由榆次、太谷、洪洞、邢台、平定、涉县、长治、屯留等地，分九路向中央军、晋绥军、八路军扑来，实行所谓广大广大地开展，压缩压缩地歼灭的作战原则，妄图把我们的主力合击消灭在辽县、榆次、武乡地区。我们如何对付敌人的九路围攻呢？诸位将军可以畅所欲言。如今两党合

作，爱国是一家，是一家就不说两家话，请大家不必拘谨，大胆直言。"

朱德介绍了形势和敌情后，大家对任务和方针进行了讨论。彭德怀发言说："国共两党军事上分工，国民党担负正面战场作战，共产党担负敌后游击任务，这是两个相互依存、相对独立的战场。山西八个月的抗战事实证明，这种分工是恰当的，是相互需要的。正面战场需要敌后战场的配合，敌后战场也需要正面战场的配合。如果没有正面战场，敌后战场无从顺利开展游击战，敌后游击战起到了钳制正面战场敌人的作用。要粉碎敌人九路围攻，必须纠正单纯阵地防御战的观点，坚持运动战与游击战相结合，用游击战出其不意地歼灭行进中的敌人。还有四件事，必须立即要做的：（一）必须改造旧的政权，成立以工农为主体的抗日政府，实行民主政治。（二）军队要实行战时政治工作。（三）要武装民众，发动游击战。（四）对俘虏和汉奸的政策要具体详细。"

左权在发言中说："八个月的对日作战经验告诉我们，敌人最擅长也最喜欢打声势浩大的进攻战，而我们就不能打单纯防御性的阵地战。如果打单纯防御战，会使敌人的兵器技术优势得到发挥，使我遭受消耗和损失。因此，反九路围攻，要尽可能实行运动战和游击战相结合。要想方设法避实就虚，在敌翼侧或侧后机动，如果在正面袭击和突击，正符合敌人的企图，不仅劳而无功，反会遭受很大损失。"

左权话音刚落，一位年约40多岁的中将高声说："报告朱将军，我发言。"朱德抬头一瞥，微笑着说："啊，是赵寿山军长，请讲。"

"刚才听了朱将军、彭将军、左将军的报告和发言，顿开茅塞，受益匪浅。"赵寿山一字一句地说，"我同意朱彭左三位将军的见解，对付敌人的九路围攻，必须采用灵活战术，尽量避免单纯呆板的阵地防御战。我军在娘子关战斗中失利的原因之一，就是战术不灵活，部队调不开，拥挤在一起，正好给敌人的大炮飞机发挥了优势。我感到八路军的战术比较灵活，虽然打的小仗多，但是积小胜为大胜，以空间换时间，今天歼灭敌人300，明天歼灭敌人500，几个小胜仗加起来就是大胜仗了。我们很想学习八路军的游击战术，可惜思想不统一，又没有教材。今天，八路军的游击战专家刘伯承将军来了，我提议，请刘伯承将军介绍游击战经验，诸位将军意下如何？"众人点头称好。

刘伯承摆摆手，说："赵军长过奖了，由于上级领导的正确，由于指战员的英勇，由于人民的拥护，由于友军的帮助，我们129师在晋东南才打了一些胜仗，仅

仅是开了一个头。但战争实践是面镜子，我们还存在不少问题，如有的部队在战斗结束后不准备打增援部队，有时只知突击而不顾巩固阵地，还有步炮协同不好等等，这些问题我们将在以后的战斗中克服。"

"刘将军不仅运筹帷幄，料敌如神，而且品德高尚，打了那么多胜仗，只字不讲战果，讲问题却讲个没完没了。"武士敏讲到这里，解开衣扣，说："刘将军指挥的战斗，打得干脆漂亮，在我们这些游击战的外行看来，简直是'押宝'的战斗，命中率达到百发百中。就连日本人也称神头岭战斗是典型的超一流的游击战术。伏击部队伪装得极其巧妙，在发起战斗前，一千多日军一个没发现两旁的几千人马。战斗一打响，日军步兵没展开，骑兵还没上马，炮还没架起，就像一个大雪球掉进油锅顿时不见了。"说到这里，他伸出大拇指说，"刘将军打仗真神，快介绍介绍经验。"

接着，李家钰、王奇峰也提出要刘伯承介绍经验。这时，朱德对刘伯承说："伯承，友军对游击战那么感兴趣，你就说说吧！"

刘伯承见推辞不了，说："承蒙诸位将军错爱，那我就说几句，我把游击战划分为游与击两个概念。游是用来掩护自己的弱点，寻找敌人的弱点，为拖垮敌人和消灭敌人创造条件；击是用来发挥我之特长，避开敌人的长处,以便打垮敌人。但是光游不击不行,光击不游也不行,应当是游中有击,击中有游,拖打兼施,至于游击战的战术动作,我基本概括为袭击、伏击和急袭三种。还有一种叫吸打援敌。这是袭击与伏击的混合运用,所以基本上称三种,又统称为袭击。如何理解这四种游击战术?袭击,就是敌人宿营后,我们乘其不备主动攻击;伏击,就是预先埋伏好,等敌人进入伏击圈,当然伏击并不是守株待兔,有时要主动钓鱼;急袭,就是牵住一部分敌人,吸引另一部分敌人增援,在增援部队必经道路上伏击。"

"刘将军,能否具体介绍一下如何使用这四种游击战战术?"武士敏提出。

"要正确使用和掌握这四种游击战战术,关键要做到八个字,"刘伯承扬起浓密的眉毛,抬头稍稍环顾四周,见不少人在低头记录,喝了一口茶,说,"有的人提到游击战,觉得游来游去挺容易,但实际做起来又挺难的。我认为关键要做到八个字:秘密、迅速、坚决、干脆。何谓秘密?就是兵力、部署、企图和行动要十分隐秘,要使敌人毫无察觉。何谓迅速?就是一举一动相当快,甚至能在几分钟内消灭敌人,使敌人的飞机、大炮、坦克来不及发挥作用。即使敌人援兵赶到,我已解决战斗转移他处。何谓坚决?就是一到战场,就站稳脚

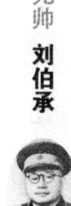

跟，用炸弹、刺刀，果敢、勇猛地冲，该杀就杀，把敌人压下去，直至战斗胜利。如果不坚决，钝刀杀鸡，敌将硬起来，反击溃于我。何谓干脆？就是打起来一刀两断，快刀斩乱麻，不拖泥带水。我的话完了，供大家参考！"刘伯承话音一落，顿时响起一片掌声。

这时，赵寿山苦恼地说："刘将军，我们有时碰到被敌人'包饺子'的情况，一不小心就被敌人吃掉了。如果被敌人包围，如何组织部队突围，请再介绍这方面的经验。"

"被敌人包围是常见的事，"刘伯承用微笑的目光看着赵寿山，"指挥员必须冷静观察，寻找机会，一旦有时机，果敢组织突围。去年12月，我师在平汉路、正太路、同蒲路沿线破铁路，袭击据点，搅得敌人日夜不得安宁。驻太原日军第20师团师团长川岸文三郎恼羞成怒，亲自挂帅，指挥步兵2000人，飞机3架，一个骑兵连，附平射炮、曲射炮10门，12月22日起，从平定、昔阳、榆次、和顺、太谷等地，分成六路以马蹄形的阵势，包围正在正太路破路的772团。在头一天，川岸文三郎就派特务着中国服装，混入我军活动区域，还派飞机侦察。特务在寿阳的羊头崖，大摇大摆地出来活动，企图诱我出击，然后包抄我们的侧背，我们没有上当。22日拂晓，六路敌人进入预定地点后，开始对

772团包围袭击。敌人的尖兵分队，也着中国军服，抓了本地人给他们带路，用刺刀逼他们沿途杀人放火。我们发现敌人企图后，命令772团在内线沉着应战，寻机突围，又命令外线的769团、汪支队、秦赖支队配合作战。22日，772团在松塔同敌人激战一天，打退敌人数次进攻。天黑了，我们利用敌人不熟悉地形的弱点，留一小部分在原地继续同敌人周旋，大部分兵力从敌人之间的结合部突出包围圈。但是，拂晓时刻，敌人发现我们突围，又调整部署，在南北军城又将772团包围了。772团白天利用有利地形同敌人磨时间，天一黑，我们组织数十支小股部队到处袭击，敌人在山区三转两转，便分不清东南西北，772团又从敌人之间的结合部突出了包围圈。可笑的是，天亮后敌人发现包围的不是八路军，而是他们自己人。敌人被拖得筋疲力尽，不得不草草收场。我们在自己的土地上作战，就像在家门口打仗，有群众支持，再加熟悉地形，再强大的敌人都可以征服，秘诀很简单，就是要有决心，要有智慧。"刘伯承说罢，又是一片掌声。

这时，坐在武士敏旁边的94师师长朱怀冰，一副城府很深的样子，掐灭手里的香烟，对刘伯承眨了两下眼睛，皮笑肉不笑地说："刘将军讲得好，兄弟一直洗耳恭听。刘将军真是名副其实的游击专家，可惜的是，

我们没有亲眼目睹，如果能亲眼目睹一次，那兄弟就口服心服了。"朱怀冰说到这里，抬头看看其他人的表情，察觉到自己说得有点不礼貌，便改口说，"刘将军对我刚才的话不必介意，我很想亲眼目睹你指挥打仗的风采，也给诸位一饱眼福，如有机会，那该多好啊。"

刘伯承知道朱怀冰不怀好意，气得想说没说出来。心直口快的彭德怀也察觉到朱怀冰的心迹，却先开了腔，说："朱师长想亲眼目睹刘伯承指挥打仗，这事不难，因为到处是鬼子，到处可以摆战场，不过今天已是28日了，敌人马上要九路围攻，你看能不能推迟几天？"

"不必推迟。鬼子围攻还有七八天时间，能不能就在这三天之内，或者3月31日这一天，怎么样？"朱怀冰目光狡黠地望着彭德怀，"具体地点在涉县、东阳关一带，你们看怎么样？"

彭德怀觉得有点为难，因为马上敌人要九路围攻，还要研究反围攻作战计划，于是用征求意见的口气，对刘伯承说："你看朱师长的要求如何，能否答应？"刘伯承和徐向前、李达交换眼色后，坚定地说："朱师长的要求我们答应了，而且日期不变，具体地点一是要侦察，二是要保密，暂不确定，30日晚上正式通知。"

"这是友军对我们的督促，"朱德对其他几位国民党将领说,"其他几位将领如有兴趣,也可同朱师长一道观战如何?我们总部人员自始至终陪同。"

"好!"其他几位齐声叫好。

"诸位将军,"刘伯承说,"具体时间确定在31日早上,请诸位七时半吃过早饭进入观摩阵地,九时开始战斗,十一时战斗结束,十一时半就可以吃到日本人送来的午餐。"

一向沉默不语的曾万钟惊叫道:"刘将军成了诸葛孔明了,越说越玄了,由日本人送午餐?日本人从什么地方送来?"

"是的,叫日本人送午餐,"刘伯承说,"这天的午餐由日本人从东京送来。"

会议在继续进行,刘伯承、徐向前、李达为了准备友军观战,连夜赶回师部,和政委邓小平、参谋长倪志亮研究商量。邓小平说:"我们打好这一仗要一箭双雕,一方面给友军做一个打游击战的榜样,一方面扰乱日军进攻潼关、西安、陕甘宁边区计划。当下日军正向黄河各渡口攻击,我们打一个较大的伏击战,就能迟滞敌人的行动。"说毕,来到地图前,指着涉县东阳关地区公路,说:"据侦察员到这一带侦察,敌人来往汽车不断,几乎每天都有几十辆,甚至上百辆。我们可以在响堂铺设伏。这是比较理想的伏击地域,这里公路沿小河床而

过,路南是高山,悬崖峭壁多,不易攀登,路北是起伏高地,谷口多,便于隐蔽和出击,在这儿打把握比较大。"

细心的刘伯承用手指在东阳关、响堂铺、涉县三者之间比划了一下,略思片刻,说:"就这么定了,为了迅速歼灭敌人,打援力量减少,伏击力量增加。"然后转脸对李达说:"命令771团、769团为第一梯队,771团为右翼队,769团为左翼队,772团为第二梯队,集结于冯家沟,负责东阳关方向游击警戒,阻击可能由黎城、东阳关来援之敌,掩护伏击部队后方安全。769团抽出4个连到椿树岭、河南店之间,阻击可能由涉县来援之敌。"说到这里,他转脸对邓小平说:"你和向前在师指挥所,我和李达到现场指挥如何?"

"你要陪友军将领观摩,责任也不小,他们可能提出不少问题要你回答。现场指挥我去!"徐向前说。

刘伯承推推眼镜还想说什么,邓小平摆摆手说:"不用争了,向前担任前线总指挥,我也去敲敲边鼓。就这么定了!"顿了顿,刘伯承对徐向前说,"向前,这次友军来观摩的将领,不少是你黄埔军校的同学,这一仗要打得干净利索,以我们坚定抗战的决心,推动他们为抗战作贡献。你对作战计划如有修改,还可以调整。"

"我领会你的意思,"徐向前说,"计划很好,补充一点,就是伏击部队要尽量向路边靠,既能隐蔽,又要在步枪的射程之内。"

一切安排就绪后,邓小平、徐向前来到伏击部队,进行战前动员。129师的前身是红四方面军,徐向前是红四方面军总指挥,这个部队的干部战士都熟悉他。徐向前在队前一站,全场顿时鸦雀无声,个个肃然起敬,静心地听他讲话。徐向前问:"同志们,我们四方面军的光荣传统是什么?"

"英勇杀敌,所向披靡!"战士们的回答,震撼着山谷,震撼着大地。

"同志们,英勇杀敌,所向披靡的传统,要在抗战中发扬光大。现在的局势起了巨大变化,敌人已经'饮马黄河畔',我们八路军和一部分友军留在敌后坚持抗战。几十万友军留在敌后,抗战信心不足,又不会打游击战。邓政委号召我们,要坚持抗日统一战线,以积极行动推动友军,给友军做一个榜样,影响和帮助他们打游击。明天的响堂铺战斗,我们要打出一流水平!"

3月31日上午7时半,朱德、彭德怀、左权、刘伯承带着友军观摩将领30多人,来到杨家山顶端,隐蔽在观摩阵地。这里距公路只有两里路,不用望远镜也能看清楚公路两边的情况,他们看了好一会,不见动

静，也看不到一个战士。朱怀冰焦急地对朱德说："请问总司令，还有半小时就打仗了，你们部队怎么还没到呢？"

"朱将军别心急，"朱德胸有成竹地微笑说，"不会唱空城计的。"

大约过了十分钟，东阳关方向隐隐约约传来汽车马达声，又过了十分钟，一辆辆汽车开过来了，朱怀冰陡然惊叫道："哎呀不好，我的心都提到嗓子眼了，我们离鬼子太近，如果鬼子子弹打过来怎么办？飞机来丢炸弹怎么办？炮弹打过来怎么办？"

"朱将军别慌，我们观战保证是有惊无险，这里距公路两里路，步枪子弹打不到这里，鬼子的炮来不及架，我们就叫他们上西天了。"刘伯承又反问道："你们指挥打仗难道看不见鬼子，听不到枪声？"

"是啊是啊，"朱怀冰边点头边颤抖着说："听到枪声还了得啦，鬼子打到面前来不及撤退怎么办？"说到这里，指着路边说："你看，鬼子车队前两辆小汽车停了。"刘伯承抬头，果然见两名鬼子军官从小汽车上下来，举着望远镜四下张望了一会儿，什么也没发现，便向后面车队挥挥手，示意他们继续前进。朱怀冰又叫嚷："怎么不开枪呢？鬼子要溜了，再不打就没机会了。"此时，他见没人理睬他，也就不吭声了。大约过了100辆汽车，后面又来了100辆汽车。就在这一刹那，突然升起三颗红色信号弹，接着路两边冒出无数火光，迫击炮、机关枪、步枪一齐发射。又响起一阵嘹亮的冲锋号，只见从路两旁的山沟、田边，突然跃出无数伏兵，如猛虎下山般冲向公路。汽车上的鬼子有的应声倒下，有的跳下车子钻进车底下仓促应战。鬼子开始抵挡一阵子，后来渐渐不支，只有招架之功，无还手之力。不到两小时，大部分鬼子连枪、炮都没来得及用就丧了命，200辆汽车冒起了弥天黑烟，这段蜿蜒的公路顿时成了火龙，变成侵华日军的火葬场。

战斗结束后，徐向前来到观摩阵地，向朱德报告战果：歼敌400多人，烧毁汽车200辆，缴获各种枪支400多支，俘虏3个日本兵，还有堆积如山的各种罐头。

友军将领听完战果，个个赞叹不已。曾万钟惊奇地叫道："八路军的游击战真是名不虚传啊！"这时朱怀冰又神气起来了，厚着脸皮以事后诸葛亮的口气对朱德说："我早就说过八路军能打仗嘛，我对刘伯承的游击战服了。前几天我讲的话，有点不太好听，请朱将军包涵。"这时，突然有人喊道："开饭了！"人们的眼光向山下看去，只见十多个战士抬着几筐刚缴获的罐头上山来了。观摩的友军将领们见到花花绿绿的各种食品罐头，乐得像小孩似的。他们每人分得5个有猪肉、牛

肉、水果的罐头，还有两盒牛奶饼干，两条富士牌香烟。徐向前说："诸位将军们，这就是东京送来的午餐，大家别客气，不够再到我这里拿。"

正当大家拿着罐头吃午餐时，赵寿山来到朱德面前，说："今天有幸大开眼界，真是百闻不如一见。不过小弟有一难题大惑不解，不知当问否？"

朱德笑着说："赵军长，早几天开会时，我就说过，如今抗日爱国是一家，一家人不说两家话，有何难题尽管说。"

"今天这一仗打得漂亮，除了刘伯承将军足智多谋，料事如神，还有士兵英勇杀敌。不过——"赵寿山顿了一会儿，接着问，"今天这几千士兵为何如此勇敢，一声令下，就如猛虎下山？有句老话，重赏之下，必有勇夫。战前，你们是不是给每位士兵加发了几十块大洋？"

"没有！"朱德摇摇头，苦笑着说，"我们的经费少得可怜，南京政府给我们的经费一个师只有3万元，还不如你们一个营的经费多呢。"

"可是，我们38军作战前也反复讲，而且冲锋前军官还提着枪在背后督战，但士兵仍然提不起神，这是什么原因？"

"赵军长，此事一言难尽。提到钱，我告诉你还不一定相信，我这个总司令和我的师长们还没有你们的班长薪金多。我们打胜仗，是因为我们有强有力的政治工作。政治工作是红军的光荣传统，八路军继承了红军的政治工作传统，加强对官兵的思想教育，使他们懂得为谁当兵，为谁打仗，激发了他们不怕流血牺牲的革命英雄主义。"

"哦——"赵寿山若有所悟地点点头。

后来，应友军的要求，八路军总部派人为友军培训了大批政工干部。

立马太行

日军攻陷平津之后，长驱直入，迅速突破晋北国民党军防线，以5万之众，分兵三路，南犯忻口、太原。八路军总部命令129师向原平东北山地挺进，侧击日军后方，配合第二战区组织的忻口防御战役。同年10月，刘伯承到达太原，会见第二战区司令长官阎锡山。为了迟滞日寇的进攻，他令769团迅速插向原平东北山区，侧击南犯之敌。随后，刘伯承指挥769团夜袭阳明堡机场，焚毁日军飞机24架，歼敌百余人，有力支援了友军的正面防御。

这时，防守娘子关的第3军告急。刘伯承奉命率386旅驰援，部署772团在平定和测鱼镇之间的交通要点七亘村设伏。刘伯承料敌如神，布局重叠设伏，袭击了途经七亘村的日军第20师团的辎重部队，歼敌300余人，缴获骡马300余匹和大批军用物资。七亘村战斗的胜利，迟滞了日军的行动，使困守娘子关以南的友军千余人得以突围出来。

1937年11月太原失陷后，在华北以国民党军队为主体的正规战争宣告结束，以八路军为主体的游击战争占据主要地位。此时，129师在和顺县石拐镇召开干部会议，刘伯承传达中共中央关于创建以太行、太岳山脉为依托的晋冀豫抗日根据地的指示。会后派出大批干部和40余个连队深入晋东南榆社、武乡、沁县、沁源、襄垣、屯留、长治、黎城、平顺、晋城、安泽等县和平汉路以西，辽县（今左权县）以东，漳河以北，正太路以南晋冀地区广泛发动群众，镇压汉奸，建立抗日民主政权，发展抗日武装，开展游击战争。同年底，刘伯承指挥129师粉碎5000日军的六路围攻，歼敌700余人，为开创晋冀豫根据地打下了基础。

1938年1月，邓小平出任第129师政治委员。2月，刘伯承挥师正太路东段，包围旧关村，设伏长生口，歼灭了由井陉出援旧关之敌一个加强中队。然后转兵南下，寻歼占领邯（郸）长（治）大道之敌。3月中旬，刘伯承指挥部队，袭击黎城，设伏神头岭，"攻其所必救，歼其救者"，迅速、干脆地歼灭由潞城出援途经神头岭之敌1500余人。半个月后，第129师又在黎城、涉县间的响堂铺布下伏兵，将由黎城东开的日军汽车180辆全部烧毁，歼日军少佐以下官兵400余人。

4月初，日军不甘失败，又以华北方面军第1军3万余人，沿同蒲、正太、平汉铁路出动，向晋东南地区发动九路围攻，企图合击129师。在广大人民和友军的支援下，刘伯承率部机智灵活地跳出了日军的合围圈，并在武乡长乐村截住了日军的一路，迅猛地将敌压在狭窄的河谷，经过一整天的激战，歼敌2000余人。这一仗，给了日军九路军中的主力108师团以沉重打击，其他各路敌人即纷纷回窜。此后，129师各部乘胜追击，连克长治、沁县等18座县城，将敌人赶出晋东南。从此，太行、太岳抗日根据地成了129师向外发展的支点。

1938年10月，日军攻下武汉后，停止对正面战场国民党军的战略进攻，以保守占领区为主，逐渐转移其主要兵力打击共产党领导的抗日武装，并将重点置于华北，企图实现由"点"、"线"的占领扩大为"面"的占领。针对这一情况，中共中央六中全会提出"巩固华北"的战略方针。中央军委决定八路军3个师的主力，分别进入冀中、冀南、冀鲁豫边平原和山东地区，协同各地区抗日武装，广泛开展游击战争，巩固和扩大华北抗日根据地。同年12月，根据中央军委决定，刘伯承、邓小平率386旅进入冀南，与先期到冀南开辟工作的徐向前一起，在南宫县老虎庄召开军政干部会议，传达中

▲ 图为向敌后挺进的第 129 师

共中央六中全会决议,确定依托广大乡村,发动群众,坚持冀南平原游击战争的方针。

1939 年 1 月,日军再次调集第 10、110、114 师团

开国元帅 **刘伯承**

各一部共3万余人，分多路对冀南抗日根据地进行大规模扫荡。针对敌人的扫荡，刘伯承令冀南地方武装以小部队广泛开展游击战，疲惫、消耗敌人；令386旅转至敌侧后，连续袭击武邑、阜城、富庄驿、景县、清河等据点的敌军。刘伯承发现敌每遭袭击，必派出部队报复，遂令东进纵队第3团和地方武装连续袭击威县、曲周，而以386旅主力在威县以南香城固设伏。威县被袭击后，敌果派出一个加强中队向南出击，行至香城固，被386旅伏击。我军歼灭日军200余人，缴炮4门。为使冀南平原游击战能够坚持下去，刘伯承将主力分散，成为各地坚持游击战的骨干，带领地方游击队袭击日伪军，破坏交通，进一步发动组织群众，发展群众武装，改造平原地形，为坚持平原游击战争创造条件。1至3月期间，我军作战百余次，歼日伪军3000余人，冀南根据地得以巩固，第129师主力随即返回太行。

1939年底，国民党顽固派掀起第一次反共高潮，进攻的矛头指向了晋冀豫抗日根据地。在中共中央和八路军总部领导下，刘邓率部与国民党顽固派军队进行了"有理、有利、有节"的斗争。1940年2至3月，朱怀冰部从正太路，石友三部从沧石路，庞炳勋、张荫梧部从邯长路向129师发动进攻。刘伯承采取集中兵力、各个击破的方针,在平汉路以东进行卫(河)东战役,驱逐石友三部;在平汉路以西进行磁(县)武(安)涉(县)林(县)战役,驱逐朱怀冰部,并给以歼灭性打击,改变了长期以来国民党顽固派军队盘踞在根据地内,配合日军向八路军进攻的不利态势。1938年至1940年,刘伯承发动和组织军民对根据地周围的铁路进行了1000多次破击,进行交通破击战斗850次,其中白晋战役,将日军经营的白(圭)晋(城)铁路彻底破坏50多公里,摧毁大小桥梁50座,歼灭敌人300余名。1940年8月至12月,率部参加百团大战。在百团大战中,129师及地方武装共拆毁铁路91公里,公路1015公里,进行大小战斗520次,歼日伪军7000余名,俘日军70名、伪军400余名。这些破击战,对坚持敌后抗战起到了推动作用。

1941年至1942年,日军对太行、太岳和冀南抗日根据地进行小规模的蚕食、扫荡515次;进行以摧毁根据地为目的的大扫荡19次;铁壁合围,辗转驻剿,肆行杀光、抢光、烧光的"三光"政策,制造无人区。这给根据地的对敌斗争造成极大困难。面对这些困难,刘邓领导根据地军民坚持抗战,精兵简政,减租减息,发展生产,度过了最困难的时期。1941年进行战斗4873次,歼灭日伪军13625人;1942年进行战斗3103次,

歼灭日伪军8194人，给日军以沉重打击。

随着日军在太平洋战争中节节失利，自1943年起，华北各抗日根据地进入恢复和再发展阶段。刘伯承提出"敌进我进"的作战方针，受到毛泽东主席的赞扬。"敌进我进"就是在敌人向我蚕食、扫荡时，派出精干的武装工作队，进入敌人后方，领导广大群众对敌斗争，从被动中争取主动。1943年，刘邓所属各部队派出近千支武工队深入敌后，结合政治攻势开展瓦解敌军的工作，并领导群众开展反掠夺、反劳役、反抓丁的斗争，争取了一部分伪军为我工作，控制一些秘密据点，在许多村镇建立秘密民主政权，逐步发展成隐蔽的根据地，有力地打击了敌人，为战略反攻阶段迅速歼灭敌人、扩大根据地打下了基础。同年9月底，刘伯承离太行赴延安参加整风运动。

1944年4月，刘伯承在延安高级干部会议上作《晋冀鲁豫抗日民主根据地现状》的报告，援引数字指出："自抗战开始到1942年底5年半当中，共作战13115次，敌伪伤亡114154人，我军伤亡44135人。敌我伤亡为8:3。"1945年4月，刘伯承出席中国共产党第七次全国代表大会，被选为中央委员。

抗日战争胜利后，成立晋冀鲁豫中央局和晋冀鲁豫军区，刘伯承任中央局常委和军区司令员，邓小平任中央局书记和军区政治委员。晋冀鲁豫军区包括北起正太路与德石路,南至黄河,西自同蒲路,东到津浦路的广大地域,面积达18万平方公里,人口2400万,民兵40余万,129师由出征时不足万人发展到近30万人。

转战晋冀鲁豫

1945年8月20日，中共晋冀鲁豫中央局和晋冀鲁豫军区成立，刘伯承任中央局常委和军区司令员，邓小平任中央局书记和军区政治委员。25日，他们自延安乘飞机返回太行，到达晋冀鲁豫军区驻地涉县赤岸村。这时，国民党军阎锡山部已侵入了上党解放区，占领长治及其周围城镇，准备策应国民党军对平汉、同蒲线两个方向的进攻行动。

刘伯承和邓小平迅速部署了上党战役。8月28日，召开直属机关干部动员大会，刘伯承作上党战役动员，指出这是中华民族两条道路、两种命运又一次激烈搏斗的开始，号召大家"为了保卫抗战胜利果实，为了配合重庆谈判，必须而且一定要迅速歼灭上党的敌人！"他还幽默地说："上党被占，我们如芒在背，好比插了一把刀子，背脊会发凉嘛！"8月29日，刘伯承和邓小平等向中共中央报告："阎军1.6万人深入上党，非集结重兵予以消灭不可。已令太行、太岳主力及冀南的8000人共约2.8万人，坚持消灭该敌。"

战前，刘伯承认真研究了这次战役的特点，精心起草了《上党战役某些战术问题的指示》。当时，参战的晋冀鲁豫各区部队，多年来分遣进行游击战争，要马上集结起来进行大规模的运动战，困难不少，装备不足，人员不充实，战斗作风也有问题。而阎军装备齐全，长于防御，且据守着日军多年修筑的坚固工事。因此，刘伯承特别重视部队由分散的游击战向集中的运动战转变时的战术运用，有针对性地写出了《城市战斗的战术指导》和《野战（运动战）的战术指导》，解决了各级作战指挥上的难题。

9月7日，刘伯承和邓小平发出了上党战役第1号作战命令，随即率指挥部开赴前线。

为了把阎军引到野外打运动战，刘伯承颇费了一番心思。开始他用夺城打援方针，攻打长治周围诸城引敌出援。诸城攻克，长治守军未出。这时传来阎锡山部第七集团军副总司令彭毓斌率重兵来援消息，刘伯承顺势改用攻城打援方针，佯攻长治，遣主力北上打援。于是上党战场出现了有趣的一幕：阎锡山部援军沿公路气势汹汹地向南扑来，太岳、太行纵队则从公路两侧反向秘密挺进，成钳形包夹态势。战斗打响，发现援军比预报

的多出两倍，不是6000余人，而是与打援部队同样是20000人。兵力不占优势仗怎么打？刘伯承自有处置，他直接用电话命令太岳纵队司令员陈赓切断援军退路，命令太行纵队司令员陈锡联从援军后背猛烈突击，又对执行佯攻任务的冀南纵队司令员陈再道说："长治这块骨头先不啃它，咱们先吃掉眼前这块肥肉，陈赓在老爷岭、陈锡联在磨盘垴已经按住了敌人的两条大腿，你赶快率部从中间大道往北插，掏它的卵子。"3个纵队齐心协力，很快割裂围歼了援军，彭毓斌被击毙。慌忙出逃的长治守敌被预伏部队全部歼灭。战后，阎军被俘将领向刘伯承问及以3.1万人击败3.8万人的用兵秘诀，刘伯承笑答：有什么秘诀呢，其实不过是古人早就说了的"王者之师，所向无敌"，用现代话来解释，就是人民的军队，人民的战争，没有攻不破的堡垒和打不垮的敌人。

上党战役，经过9月10日至10月12日共33天的连续作战，刘伯承、邓小平以3.1万兵力对阎锡山军3.8万人，取得歼敌3.5万人的重大胜利，并活捉阎锡山部第十九军军长史泽波等。这是人民军队在解放战争时期的第一个大胜仗。它有力地配合了毛泽东在重庆的谈判斗争；使晋冀鲁豫军区巩固了阵地，为很快转入平汉路作战创造了条件。

毛泽东在《关于重庆谈判》的报告中，对上党战役的胜利作了很高的评价，指出："太行山、太岳山、中条山的中间，有一个脚盆，就是上党区。在那个脚盆里，有鱼有肉，阎锡山派了十三个师去抢。我们的方针也是老早就定了的，就是针锋相对，寸土必争。这一回，我们'对'了，'争'了，而且'对'得很好，'争'得很好。就是说，把他们的13个师全部消灭"，"这样的仗，还要打下去。"

10月中旬，国民党军孙连仲部3个军由新乡沿平汉线北上，打算打通平汉铁路，以利往平津和东北运兵打内战。为了打破国民党军的这个战略企图，中共中央和毛泽东致电晋冀鲁豫中央局，指出："在你们领导之下打了一个胜利的上党战役，使得我军有可能争取下一次相等的或更大的胜利。必须集中太行与冀鲁豫全力争取平汉战役的胜利"，"即将到来的新的平汉战役，是为着反对国民党主要力量的进攻，为着争取和平局面的实现。这个战役的胜负，关系全局极为重大。""望利用上党战役的经验，动员太行冀鲁豫两区全力，由刘邓亲临指挥，精密组织各个战斗，取得第二个上党战役的胜利。八万顽军中有几个军具有颇强的战斗力，不可轻视。但顽军新到，地理民情不熟，系统不一，补充困难，急于求胜，又有轻视我军的心理，使我有隙可乘。

务望鼓励军民，团结一致，不失时机，以上党战役的精神，争取平汉战役的胜利。"刘伯承和邓小平奉命到邯郸地区组织平汉战役。刘伯承、邓小平运筹帷幄，10月10日就给刚刚改编的第1、第2纵队发出指示，要求他们采取有力行动，在滏阳河河套预设歼灭国民党军大兵团的战场。

1946年1月10日，国共双方达成停止军事冲突的协定。2月26日，刘伯承率20人赴新乡参加停战执行小组的谈判。途经安阳，刘伯承舌战交通小组美国代表考尔，批驳了他对解放区军民反对恢复交通的指责，严正指出："破坏铁路，是人民要求和平的举动。人民担心恢复交通，会加快运兵打内战。"在新乡，刘伯承当面嘲讽傲慢无礼、佯谈和平的国民党豫北驻军总指挥王仲廉，对他说："和平的真假要靠事实来回答。如王将军真有和平诚意，我们表示欢迎；但如果要想搞假和平、真战争，我们只好奉陪到底。"

谈判归来，刘伯承和邓小平领导晋冀鲁豫区军民坚决打击国民党军的违令进犯，利用休战时机抓紧备战教育和开展练兵，始终保持了应付蒋介石发动内战的高度警惕。6月10日，刘伯承在旅以上干部练兵会议期间亲自参加实弹射击，为练兵备战做示范。他举枪连发3弹，回身对站立一旁的纵队、旅领导说：今天打靶，既是技术上打靶，也是政治上打靶。我们要打掉一些干部特别是高级干部头脑里的和平麻痹思想。

6月26日，国民党军向中原解放区发动大规模进攻。刘伯承和邓小平遵照中共中央军委和毛泽东关于《太行山东华中积极作战以援中原》的指示，率领晋冀鲁豫野战军直出陇海路徐州、开封段，发起了陇海战役。刘伯承以其特有的胆识，毫不顾忌自己的侧背，指挥数万大军兵分两路，秘密通过国民党军据点密布的30公里纵深地区，突然出现在150公里铁路的宽正面上，对沿线国民党军发起了有重点的攻击。这次战役自8月10日开始，至22日止，历时13天，歼国民党军1.6万余人，破坏铁路150公里，实现了预定目的，支援、接应了中原军区部队突围，吸引了正向华东进攻的国民党军主力第5军、第11师等部回援陇海路。

国民党军立即集结30万重兵来围攻晋冀鲁豫野战军。8月28日国民党军开始行动，企图从徐州和郑州东西两个方向采取钳形攻势，把晋冀鲁豫野战军消灭在冀鲁豫区的菏泽和定陶地区。国民党军两路合击，步步深入，气势咄咄逼人。刘伯承根据毛泽东关于"凡无把握之仗不要打，打则必胜；凡与顽正规军作战，每战必须以优势兵力加于敌人，其比例最好是四比一（四千人打一千人，四万人打一万人），至少是三比一，歼其一

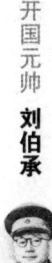

部,再打另一部,再打第三部,各个击破之"的指示,决心抓住战机,发起定陶战役。他分析国民党军兵力虽多,但每路的前锋最多只有两个师,而且指挥并不统一,有嫡系与非嫡系的矛盾,完全可以加以利用,集中兵力歼灭国民党军突出孤立的一部分。打击的目标选中国民党军整编第3师。他认为,整编第3师是从追击中原部队的途中调来的,是疲惫之师;它又是郑州一路国民党军中唯一的嫡系部队,有骄纵之心,如遭打击,非嫡系部队不会积极救援。

刘伯承以两个团作运动防御,一步步把整编第3师引到定陶县大小杨湖地区的预定战场,然后迅速调整部署,确定用4个纵队先打第20旅,得手后再攻歼其师部和第3旅。这样,在局部上双方兵力对比为五比一,野战军占绝对优势。

大杨湖攻歼第20旅的战斗打得异常激烈,整编第3师依仗装备精良和援军离得较近,拼命固守待援。刘伯承亲自赶到担任主攻的第6纵队指挥,要求指战员们以大无畏的气概摧垮整编第3师的防御。他对第6纵队司令员王近山说:"这一仗如若我们打不好,冀鲁豫平原我们就站不住,还要背起背包回太行山啊!"王近山坚定地回答:"请刘司令员放心,我们已经准备好了一切,坚决歼灭整3师。6纵即使打剩一个连,我当连长,打剩一个班,我当班长,决不放弃战斗!"经过连续猛烈的攻击,终于将第20旅歼灭,然后移兵歼灭了第3旅和整编第3师师部,活捉整编第3师师长赵锡田。刘伯承挥师乘胜扩大战果,又围歼了第47师和第41师各一部。定陶战役自9月3日至8日结束,共计歼国民党军1.2万余人。

定陶战役的胜利,给人民解放军以巨大鼓舞。9月12日,延安《解放日报》发表《蒋军必败》的社论,称它是"继中原我军胜利突围与苏中大捷之后又一次大胜利。这三个胜利,对整个解放军南方前线,起了扭转局面的重要作用。蒋军必败,我军必胜的局面是定下来了。"

9月16日,毛泽东对全军下达《集中优势兵力,各个歼灭敌人》的重要指示,把定陶战役列为克敌制胜的范例。

9月29日至10月7日,刘伯承和邓小平在巨野县的龙固集和张凤集对国民党军第5军、第11师发动了巨野战役,目的在于进一步歼灭国民党军有生力量,摸清占国民党军所谓五大主力之二的这两支部队的战斗力。但因国民党军兵力强、装备优,战役未取得明显效果。刘伯承在战役总结中认为,这次战役没有坚持大踏步机动的原则,"陷于'牛抵角'僵持的笨拙状态",实

际上陷入了被动。

刘伯承、邓小平率领大军继续在冀鲁豫战场纵横驰骋，与兵力占优势的国民党军斗智斗法，运用灵活多变的战术，连续举行了鄄南、滑县、巨（野）金（乡）鱼（台）等战役。

巨（野）金（乡）鱼（台）战役，他采用的是"攻其所必救，歼其救者；攻其所必退，歼其退者"的战术。滑县战役后，刘伯承本拟就地创造条件再歼国民党军王敬久集团一部，因王敬久惧怕被歼以密集队形稳步推进未能就范。这时中共中央军委和毛泽东发来指示，指出："如果你们西面之敌不好打，似以南下寻歼88师……较为有利"。刘伯承于是变换战法，指挥主力大踏步向国民党军后方挺进，乘虚围攻金乡县城，吸引国民党军方先觉、刘汝珍、张岚峰各部来援。刘伯承灵活调动兵力，先集中力量围歼了国民党军嫡系整编第88师方先觉部；再设伏于杂牌军刘汝珍、张岚峰退却的路上，逐次予以全歼。战役自12月30日始，至1947年1月16日止，共歼灭国民党军1.6万余人。

毛泽东通观南线战场全局，指示刘伯承、邓小平："你们已击破方先觉刘汝珍两部，形势极为有利。望乘胜展开攻势，向你们附近广大地区敌占据点中一切较薄弱可攻取者广为攻取，不论敌正规军、伪军、民团广为

歼灭，收复大批失地，并不被铁路所限制。路北扫荡一时期，即可越过路南攻占大批县城市镇，北面有隙可乘又过路北行动"，"如此大约有两个月时间即可将路北、路南广大地区创造为机动战场，以便吸引邱军及其他薛顾主力来此而歼灭之。"为此，刘伯承和邓小平迅速转移兵力，组织实施了豫皖边战役。他们各率1个作战集团进入陇海路南北地区，避开国民党军主力，果敢地向国民党军薄弱地区猛烈突击，在宽大机动中歼灭分散孤立之国民党军。战役自1月24日起，至2月11日止，前后歼灭国民党军1.6万余人，收复了陇海路南北广大地区，并将郑州绥署主任顾祝同所隶属的王敬久集团主力吸引到冀鲁豫腹地，打破了该集团东进参加"鲁南会战"的计划，有力地策应了华东野战军的作战，胜利地实现了中共中央军委和毛泽东赋予的战略任务。1947年3月，蒋介石由全面进攻改为重点进攻，把重点置于解放区的东西两翼——山东和陕北，中央战线的兵力较为薄弱。为了打击国民党军的重点进攻，刘伯承和邓小平率部对位于国民党军中央战线上的豫北地区进行了局部的战略反攻。3月19日，刘伯承、邓小平下达豫北反攻命令，规定这次战役的任务是，消灭国民党军有生力量，彻底摧毁国民党军铁路交通线，破坏国民党军东西战场的联络，大量调动国民党军，打乱整个国民党

军的部署。这次反攻战役从 3 月至 5 月下旬历时近两个月，共歼敌 4 万余人，基本完成了预定的任务，特别是摧毁了豫北这个国民党军联系东西战场的枢纽区的防御体系，为解放军转入战略进攻打下了基础。

千里跃进大别山

千里跃进大别山的故事曾经被作家写成小说、被艺术家拍成电影、排演成话剧,达到家喻户晓的程度。它说的就是解放战争时期晋冀鲁豫野战军跃进中原的事迹。当时这支部队的司令员是刘伯承、政委是邓小平,所以又被人们称为刘邓大军。至今,年长一些的人还会记得这样一首歌:

> 刘邓大军真勇敢,
> 渡河反攻鲁西大捷歼敌六七万,
> 蒋介石正在手忙脚乱,
> 我们又挺进到大别山。
> 毛泽东领导如明灯,
> 刘邓首长指挥就是指南,
> 同志们挺胸勇敢往前看,
> 胜利的曙光在眼前。

那是在 1947 年,解放战争进入了第二年,毛泽东分析了敌我双方的形势,提出:中国人民解放军应当立刻由战略防御转入战略进攻。为了贯彻毛主席的指示,把战争引向蒋管区,中共中央和中央军委指示晋冀鲁豫野战军实施中央突破,向大别山和中原广大地区进军。

刘邓大军以迅雷不及掩耳之势突破了蒋军的黄河防线,又采取"攻其一点,吸其来援,啃其一边,各个击破"的战术,取得了鲁西南大捷,共歼灭敌人正规军 9 个半旅及 4 个师部,毙伤俘敌 6 万余人,受到中共中央的通令嘉奖。鲁西南战役揭开了我军从战略防御转入战略进攻的序幕。

战后,刘伯承高兴地写下了《记羊山集战斗》这首诗:

> 狼山战捷复羊山,
> 炮火雷鸣烟雾间,
> 千万居民齐拍手,
> 欣看子弟夺城关。

8 月 7 日,部队稍事休整后,疾速南进,向大别山进发。

大别山位于鄂豫皖三省交界处,西至平汉路,东至淮南路，北倚淮河，南临长江。控制了这个地方可以钳制中原，威胁南京、武汉，是解放军夺取中原和进军江南的战略要地。

为了防止蒋介石派军阻截，刘伯承和邓小平决定部队分中、西、东三路南进，派一支部队在黄河渡口造成主力要北渡的假象，又请华野外线兵团寻机打击鲁西南国民党军队，掩护大军南进。

在周密的部署下，部队顺利地跨过了陇海路。随之摆在面前的问题是：部队必须争取时间，赶在追兵到来之前，渡过"四道水"，即黄泛区、沙河、汝河和淮河。

刘邓大军胜利地渡过了"四道水"。关于这件事情，大别山区的老百姓中，流传着很多神话。有的说是老天有眼，在8月里下了棉花疙瘩一样大的雪，河上都结了冰，解放军踏着冰过了河；有的说解放军每人身背一个葫芦，飘过了河，还有的说是平地刮起了一阵大黄风，把解放军十几万大军刮到了大别山。这些神话，表达出群众对刘邓大军的崇敬和热爱。其实，刘邓大军是凭自己的力量，靠渡船和徒涉闯过这"四道水"的。

就在部队渡过黄泛区和沙河之后，蒋介石觉察了刘邓大军的战略意图，慌忙调集重兵，到汝河南岸布防，妄图与北面的追兵夹击，把刘邓大军歼灭在汝河北岸。

情况万分紧急，真有"相逢狭路间，道隘不容车"

的势态。

8月23日,刘伯承和邓小平把指挥部移到汝河北岸渡口的一间小屋中,召集了紧急会议。

屋里静极了。只听刘伯承说:"现在已近半夜12点,估计尾追我们的敌人在明天下午可达北岸,或者更早些。今晚不渡过去,便有受夹击被歼灭的危险!"

邓小平语气沉重地说:"情况非常严重,所以把你们都找来了。"

▲ 1947年8月11日,刘邓大军跨过陇海路,千里跃进大别山

参加会议的指挥员们都凝视着刘伯承和邓小平，期待着他们作出决策。

刘伯承微蹙着眉头思索着。只见他突然眉头一扬，挥了一下手臂，斩钉截铁地说："现在要用进攻的手段来对付进攻的敌人，狭路相逢勇者胜，不顾一切地打过去！"

邓小平点了点头，对大家说："我同意刘司令员的意见。我们就是要用顽强的战斗作风，把敌人压垮、压

开国元帅 **刘伯承**

倒，叫他让路！"

午夜 12 点，部队开始进攻。刘伯承和邓小平亲自到河边指挥强渡。

工兵架设的浮桥多次被敌人的炮火摧毁，有的战士垂头丧气地说："太困难了！"

邓小平听到这话后，马上说："确实是困难，没有困难要我们这些人干什么？我们就是要不怕困难，战胜困难！"

在首长们的鼓励下，指战员英勇奋战，终于杀开了一条血路，于凌晨时分，占领了河南岸的阵地。

刘邓首长渡过了汝河。刘伯承看着生龙活虎的战士们，高兴地说："别看敌人来势汹汹，像个真老虎，其实没有什么了不起。你们不是从虎口里把虎牙拔掉了吗？你们在这里堵住了敌人，指挥部和大部队就可以顺利地渡河，我们就可以直插大别山。"

刘邓亲临前线指挥，使大部队和直属机关在敌人追兵赶到之前，全部渡过了汝河。

抢渡淮河，是挺进大别山的最后一关。

8 月 26 日晚，部队来到淮河北岸。刘伯承召开紧急会议，研究阻击敌人追兵和渡河的方案。邓小平提出自己指挥阻击追兵，让刘伯承先渡河，指挥部队进入大别山。刘伯承听后，果断地说："政委说了，就是决定，立刻执行！"

这时，敌人的先头部队距我军只有30里了。本来，根据前卫部队的调查，证明渡口水位不深，可以徒涉。但在渡河前，上游突然涨水，刘伯承接到报告说，部队不能徒涉，只能靠搜集到的十几只小船摆渡过河。

有3个旅的兵力和野战军指挥机关要从这里渡河，拖得时间长了，一旦敌人赶上来，部队就要陷入背水一战的境地。

刘伯承听完汇报，想了一会儿，问："河水真的不能徒涉吗？"

来报告的人说："河水很深，不能徒涉。"

"到处都一样深吗？""你们实地侦察过没有？是不是向老乡调查过了？""能不能架桥呢？"刘伯承连珠炮般地发问。来人却固执地一口咬定，水位太深，只能靠摆渡。

刘伯承着急了，他带上一根长长的竹竿，来到渡口。登上一条渡船后，他不停地用竹竿探测河水的深度。当船行到河中心时，他朝着岸边大声喊："我试了好多地方，河水都不太深啊！"停了一会儿，他喊道："告诉李参谋长，叫他坚决架桥！"

回到岸边后，刘伯承担心别人没听清楚他的话，又亲自写了一张字条："河水不深，流速甚缓，速告李参

谋长可以架桥！"

等他见到那位来汇报的同志时，便严肃地说："粗枝大叶真是害死人！同志，越是紧要关头，领导干部越是要亲自动手实地侦察！"

没过多一会儿，一位饲养员因掉了队，自己牵着马从上游徒步走过了河。刘伯承又赶快写了一个字条："我亲眼看见上游有人牵马过河，证明完全可以徒涉，立即转告李参谋长，不要架桥了，叫部队迅速徒涉！"

遵照刘伯承的指示，部队迅速徒涉渡过了淮河。等蒋军追兵赶到时，河水又一次上涨，把敌人拦在了北岸。

刘伯承、邓小平率 12 万大军行进千里，胜利地进入大别山，建立根据地，在江淮河汉间大量歼灭敌人，扩大了中原解放区，迫使国民党军陷于被动防御地位，为实现全国解放战争形势的转折作出了重要贡献。

元帅教育家

1949年中华人民共和国成立后,人民解放军进入建军的高级阶段。毛泽东主席提出了"建设正规化、现代化的国防部队"的任务。

1950年10月23日,毛泽东主席电令刘伯承赴京主持筹建陆军大学。11月13日,刘伯承提出《关于创办军事学院的意见书》,建议将陆军大学改名为军事学院,并提出军事学院的训练方针与培养目标:"在人民解放军现有素质及军事思想基础上,熟悉与指挥现代各技术兵种,并组织其协同动作。同时,熟悉参谋业务与通讯联络,以准备与美帝为首的侵略集团作战。"以后,他又指出:"我们的目标是培养有德有才的干部,并且是在德的基础上培养才。有了政治责任觉悟,业务责任觉悟才能表现出来,而没有保卫祖国之才,也不能表现保卫祖国之德。"

同年11月,中央军委任命刘伯承为中国人民解放

军军事学院院长(后兼政治委员)。受命后,他依据提出的治校方针,开始了紧张的筹建工作。首先是组织领导班子,调集教员队伍。在用人问题上,刘伯承一贯坚持不任人唯亲,而是选贤任能。他从全国各战略区选调一批干部充任学院各级领导骨干,大批工作人员则是从华东军大和华北军大选留。为了弥补师资之不足,经中央军委批准,他还从起义、投诚的原国民党军官中选了一批具有较高文化和军事素养的人充实教员队伍,发挥他们的一技之长。

1951年1月15日,军事学院在南京正式成立。刘伯承在领导军事学院期间,提出教学的基本原则是强调学以致用,各系课程设置因培养对象不同而各有侧重。军事系以军事课程为主,占70%,政治课占30%;政治系以政治课为主,占70%,军事课占30%。合成军队指挥员的军事课以战术为经,以军兵种技术知识为纬;军兵种指挥员的军事课则以合成战役、战术为基础,以本军兵种的战役、战术为重点。

基本系一年级学营团战术,二年级学师战术,三年级学军战术,而以师战术为重点;高级系学团战术到集团战役法,以战役法为主。他还强调在教学中要注重理论联系实际,贯彻"练多于训"的原则,要求先学理论原则和军兵种战术,再研究战例,进行图上作业,最后到野外进行实地作业或实兵演习,融会贯通所学的理论原则和战术动作。1951～1955年,学院共组织35次实兵示范演习和12次规模较大的实地作业。1951年6月,刘伯承亲赴安徽凤阳临淮关,现地组织指导步兵师江河进攻战斗实兵演习。抗美援朝战争中,两次组织教研室主任以上领导干部赴朝参观见学,总结志愿军作战经验运用在教学中。这些做法保证了教学不脱离我军实际,有效地提高了学员现代条件下合同作战的指挥能力。

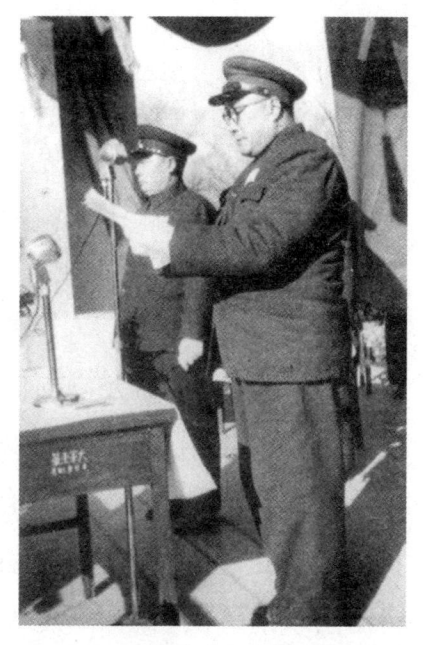
▲ 刘伯承院长在军事学院开学典礼上致词

同时,他还很重视教材。他认为教材是学院建设的"重工业",并对编写教材提出五项原则:一是从学员实际情况出发;二是联系军事实际;三是既照顾速成的要求,又照顾到科学系统;四是内容要体现准确性、思想性和原则性;五是形式要简明,文字表达顺畅。在这样的思想指导下,他言传身教,领导教材编写工作,并亲自撰写、编审、校译了一批军政教材。为总结我军经验，传授毛泽东军事思想，在他的指导下，学院编写了辽沈、淮海、平津三大战役等83个有代表性的战例教材。

刘伯承强调在教学中要反对两种偏向："第一种是抛弃我们旧有的基础，人民解放军的优良传统和毛主席的军事思想；另一种是顽固保守不愿接受新的事物，不愿接受现代化军事科学。""我们向苏联军事科学学习，是从现在基础上出发，从现有基础上提高。""在转变过程中要防止经验主义和教条主义。"1952年5月，他亲自给高级系讲授《集团军进攻战役》，前后用了18天时间备课，查阅了大量资料，亲笔写下3.7万字的授课提纲。然后广泛征求教授们的意见，第一遍用墨笔改，第二遍用蓝笔改，第三遍用红笔改，精益求精，一丝不苟。榜样的力量是无穷的，教员们以老院长为榜样，"三更灯火五更鸡"，钻研学术蔚然成风，教材质量大为提高。

刘伯承熟读古今中外军事名著，学习和研究马克思主义军事理论，运用于中国革命战争的实践之中，在戎马倥偬的军事生涯中注意总结实战经验，对于游击战、运动战、阵地战和司令部工作等都有独到的论述。其作战谋略和指挥艺术是毛泽东军事思想的重要组成部分。

他的主要军事著作收入《刘伯承军事文选》(1982)，另有《苏军参谋业务》(1936)、《列宁主义与无产阶级专政的军队》(1938)、《苏军步兵战斗条令》(1940)、《合同战术》(1942)、《论苏军合围钳形攻势》(1948)等大量译著。

他还受军委委托，审查修订军训部拟制的中国人民解放军《内务条令（草案）》、《队列条令（草案）》和《纪律条令（草案）》，经中央军委颁布试行，审定出版《陆军军队标号》、《海军军队标号》和《军语画一》。1953年，他在大连休假期间，校正军训部组织翻译的《苏联红军战斗条令》。

1955年2月，刘伯承着手分院建校的筹划。他派员赴京，向中央军委、国防部和总参谋部呈送《高等军事学院编制表》、《高等军事学院房舍建筑计划》两个报告，请示关于筹建高等军事学院事宜，并了解各军兵种司令部筹建各军兵种院校的情况。3月2日，刘伯承向中央军委呈送《关于筹建高等军事学院之意见》，并提出："请军委召开一次会议，作出建设各军兵种学院的具体规定，以便在两年内逐步将现在军事学院的政、海、空、炮、装甲各系分别建成学院。现代国防准备以培养将领为最费时。"9月27日，根据第一届全国人民代表大会常务委员会第二十二次会议通过的决议，毛泽

东主席发布命令，授予刘伯承中华人民共和国元帅军衔和一级八一勋章、一级独立自由勋章、一级解放勋章。

至1956年8月，刘伯承主持的军事学院建设成为有战役系、战史系、高级速成系、高级函授系、政治速成系、基本系、情报系、海军系、空军系、炮兵系、装甲兵系、化学兵系12个系的综合性军事学府。为后来高等军事学院、政治学院和各军兵种学院的建立，在人才和学术两个方面奠定了基础。在这个基础上，形成了全军正规划与现代化的院校体系。刘伯承是我军院校建设的奠基人。从1951年军事学院创建到1956年，共培养高级指挥员2942名，为推进正规化、现代化革命军队建设作出了新贡献。

家　风

在长期的革命斗争中，刘伯承生活俭朴、廉洁奉公，始终保持着无产阶级革命家艰苦朴素的本色。对子女，对亲属，他也严格要求，言传身教，让他们永远和人民群众同甘共苦，艰苦奋斗，自强不息。他的革命家风，一直被人们所称颂。

1951年，刘伯承全家从重庆搬到南京，住在城东北北极阁一幢二层小楼里。当时实行的是供给制，他经常检查家里的伙食账，看看有没有超出国家规定的供给标准。他还关照炊事员说："黄瓜、西红柿这类蔬菜在刚上市的时节，不要买来吃。"他家孩子多，刚来南京时，有四个孩子：长子太行，二女儿弥群，三女儿解先，小女儿雁翎。到南京后，汪荣华又生了两个儿子：阿蒙和太迟。全家八口人，住房比较紧张。军事学院营房部多次提出给他加盖房子，或把房子改建一下，都被他拒绝了。后来，营房部趁他到北京开会的机会，在他

家的楼房后面加盖了两间平房。他从北京回来,严肃批评营房部领导说:"你们总说我住房紧张,我一家住着一幢小楼,老百姓有这种条件吗?你们不能让我太特殊!"后来,他坚持把这两间房分配给了他身边的工作人员住。

刘伯承给子女们立下这样一条规矩:结婚以后一律搬到自己的工作单位去住,不要再和他住在一起。儿女们都理解他的这番用心:父母这里生活条件优越,各种待遇优厚,这是党和国家为了照顾他们为革命所作的贡献而给予的。自己结了婚、成了家,应该独立生活,而不应该再沾父母的光。

1970年以后,刘伯承的六个子女先后结婚,他们都同本单位的职工住在一起,节假日才回家看望父母。

太行同工人的女儿肖玉兰结婚后,住在工作单位分配给他的一间9平方米的房子里,厨房、厕所公用。肖玉兰生了孩子,她的妈妈从湖南老家来照顾她,房子实在住不下,领导上给他们调换了一个18平方米的套间,厨房、厕所依然公用。

一天,汪荣华和朱德的夫人康克清,一起去看望太行一家人。太行在延安上幼儿园时,由康克清照管,太行是喊着"康妈妈"长大的。肖玉兰的妈妈对来看望的两位大姐说:"您看这么挤,没地方坐,没地方站。"汪荣华拉着亲家的手说:"单论住房子,城里甚至不如乡下,现在群众还有三代人同住一间房子的哩!"康克清也笑着说:"这比延安时候好多了。那时候我把太行从幼儿园领回来,还不是我和朱老总睡床,他就睡在拼起来的椅子上。"

肖玉兰在北京西郊的一所军队医院工作,每天上下班的路上得用三个多小时,太行工作单位离家较远,不能天天回来,生活上很不方便。她要求搬到医院去住,但是医院解决住房也困难。肖玉兰见自己提出要求不管用,想请婆婆出面。汪荣华听了态度很坚决:"这种事我不能管!"

刘伯承的二女儿弥群结婚时,只在机关举行了简单的婚礼。事后,刘伯承提出用一个星期天,全家欢聚,庆贺弥群夫妇新婚。不巧,弥群所在单位利用那个星期天组织义务劳动。弥群有些为难地把这事告诉了父亲,刘伯承风趣地说:"家规依从国法,个人服从组织嘛!"

刘伯承的三女儿解先入党前,她所在单位的党组织派人到家里来征询刘伯承的意见。刘伯承非常认真地说:"如果你们要了解她在家里的表现,我可以向你们介绍;但你们问我她能否入党,那完全是党组织的事,我不能发表任何意见。"

刘伯承的长孙降生时,他已双目失明,年满八旬。

他非常高兴地给孙子起了名字,并催着汪荣华赶快把名字告诉儿媳妇。家里人每次把小孙孙抱到他面前,他都慈祥地抚摸着孩子胖乎乎的脸蛋。但就是对全家的这个宝贝疙瘩,刘伯承夫妇也严格要求,使他和普通人家的孩子没有什么两样。孩子在妈妈医院的幼儿园里长大,在一所普通小学上学,随后又考进西郊一所普通中学,口袋里揣着月票,脖子上挂着钥匙。

刘伯承对子女处处严格要求,为的是培养他们健康的思想和良好的品德。他常常对子女们说:"勤能补拙,俭以养廉,廉洁的品行要靠平时俭朴的生活养成。只有工作上廉洁奉公,政治上才能无私无畏。"

在家里,刘伯承冬天经常穿着袖口磨破、领口洗得发白的旧衣服,穿一双家制的黑色布棉鞋。他的一件毛衣,袖肘都破了,还一直穿在身上。夫人汪荣华看到这件毛衣实在不能穿了,便给他买了一件新的。他接过新毛衣,看了看,又放在桌上,说:"我这件旧的,补补还可以穿嘛,何必花钱买新的。"仍然舍不得把旧毛衣脱下来。

刘伯承孩子的衣服,往往是老大穿了老二穿,缝缝补补给老三。老五刘蒙上中学了,穿的还是姐姐穿过的女式黄军装。有一天,刘蒙放学回到家里,嘟着嘴对汪荣华说:"妈妈,以后我不穿姐姐的黄军装了,同学们

都笑话我。"

汪荣华仔细端详着儿子：挺高的个头，穿一身女式黄军装，模样确实很滑稽。她忍不住笑了起来，说："是啊，你长大了！等这件衣服穿破了，妈妈再也不让你穿姐姐们的衣服了。"生活上刘伯承对子女严格要求，学习上更是毫不放松。他一再勉励子女们刻苦读书，掌握真本领，脚踏实地为人民服务，但不一定要当官。他严肃地告诫子女："没有那个大德大才就不要去当那个官，即使当上了，也不能很好地为人民服务。"

刘伯承经常对子女们说："我打了一辈子仗，身边没有什么私人财产好继承。你们也不能靠着我刘伯承这块牌子生活。你们自己要自尊自立，自强不息。"他双目失明以后，有一次幼子太迟扶着他在院子里散步。突然间，他挣脱了太迟的手，自己摸索着向前走去，边走边对太迟说："这叫什么，这就叫自强不息。我80多岁还要自强不息，你们年轻人更要自强不息，自强不息啊！"然后，他又语重心长地告诫太迟："我们是打扫舞台的，把三座大山推倒了，把舞台整理好了，唱戏要靠你们。你们要想唱好戏，就要好好学习，唱戏要靠真本事。"

刘伯承的六个儿女没有辜负父亲的期望。他们都读完了大学，在各自的岗位上为四化建设贡献自己的才

智。长子太行是哈尔滨军事工程学院1964届的毕业生，毕业后分配搞科研工作。他业务熟练，安心本职，曾主动放弃到部队当高级指挥员的机会，始终坚持在科研、教学工作岗位上。二女弥群是空军司令部业务部门的一名领导干部，以吃苦耐劳、勤于钻研著称于同事之中，曾多次立功、受奖，荣获全国"三八红旗手"称号。三女解先、四女雁翎是医生。五子阿蒙在高级军事机关当参谋，幼子太迟在军事机关工作。

刘伯承夫妇爱子深切，教子有方，博得了人们的广泛称颂。汪荣华被评为北京市1986年度的"好家长"。

1972年刘伯承双目失明之后，健康状况日渐下降，不得不住院进行长期治疗。战争年代，他创伤遍体，头、眼、腿、脚等都留下了不同程度的残疾。解放后，为培养全军中、高级干部，为国防建设和部队的战备训练，他经常超负荷地工作，又使得左眼失明，伤残的身体更是每况愈下。

中共中央对刘伯承的身体状况十分关怀，周恩来三次亲临医院探视，医护人员也尽了自己的努力。但因个别医生诊断失误，药不对症，致使病情逆转。毛泽东得知后亲自过问，周恩来迅速作出"停药，以养为主"的指示，才使他的病情得到控制。

然而，由于刘伯承年事已高，残弱多病的身体终于不能恢复而长期卧床不起。

1973年以后，刘伯承丧失了思维能力。

1975年以后，刘伯承丧失了自理生活的能力。

1980年8月17日，五届人大三次会议批准了刘伯承关于辞去人大常委会副委员长职务的请求。

1982年8月6日，中共十一届七中全会通过了《给刘伯承同志的致敬信》。信中说："由于年龄和健康状况，您不能再参加即将召开的党的第十二次全国代表大会，也不能再继续担任党和国家的领导职务。您对中国革命的贡献和崇高的品德，将为我们全党所永远怀念和敬佩。"

不朽的丰碑

1986年10月7日17时40分,94岁的刘伯承终因久病不治而与世长辞了。

10月14日,北京一个平常的秋日,凉风瑟瑟,阴霾满天。京西万寿路人民解放军总后勤部礼堂前厅,被装点成黑纱缠绕圆柱、挽幛悬挂横梁的庄严肃穆的灵堂。

刘伯承静卧在鲜花翠柏丛中,鲜红的中国共产党党旗覆盖着他高大的身躯。人民解放军战士持枪肃立,守护在灵柩两旁。

邓小平率全家最先来到这里。他向刘伯承深深地三鞠躬,然后久久凝视着昔日的老搭档、老战友的遗容。太行山的烽火,大别山的险阻,淮海大地的硝烟,万里长江的怒涛,西南边关的征尘,一幕一幕地在他眼前闪现……慢慢地,泪水模糊了他的视线。

聂荣臻右臂套着黑纱,坐着轮椅车,由工作人员推着攀上40多级台阶来到大厅。刘伯承卧病在床之后，聂荣臻多次到医院看望他，总希望他有所恢复，能跟他说上几句话。如今，物是人非，聂荣臻悲从中来，两行清泪潸然滚落腮边。

杨得志、秦基伟、王平、洪学智、萧克、宋时轮、陈锡联、张爱萍、杨成武、陈再道、尤太忠、向守志等人民解放军的高级将领以及三总部、各军兵种、北京军区、国防科工委、军事科学院的干部战士，列队缓缓地走进大厅，默默地将右手举到额角，向人民解放军的缔造者之一、功勋卓著的老元帅致最后的军礼。

张震、李德生带领全军最高学府——中国人民解放军国防大学以及驻京其他军事院校的教员、学员和工作人员，迈着沉重的脚步，怀着无比沉痛的心情，向军队院校的奠基人、最高学府的老院长作最后的告别。

中共中央机关、国务院机关、各民主党派、人民团体和北京市等部门的领导与群众以及少数民族的代表步入大厅，向共和国的创建人之一鞠躬致哀。

大厅里哀乐阵阵，1500多人依次出入，呜咽声、哭泣声响成一片。

徐向前挥毫记下了首都军民沉痛哀悼刘伯承的感人场面：

日暮噩耗遍京城，泪雨潇潇天地倾。

垂首山川思梁栋，举目九天觅帅星。

渊渊韬略成国粹，昭昭青史记殊荣。

涂就七言染素绢，十万军帐哭刘公。

中国古人有这样两句诗："劝君不用镌顽五，路上行人口似碑。"说的是人生一世，做了好事善事，自有众人称颂传扬，用不着自己去立功德牌坊。刘伯承一生的光辉业绩，在全国各族人民的心中，在全军指战员的心中，矗立了一块不朽的丰碑。

刘伯承逝世后，他的夫人汪荣华给中共中央写信，要求把刘伯承的骨灰撒向祖国各地。

1986年10月21日，刘伯承的长子太行、四女雁翎、幼子太迟一行三人，告别母亲和兄弟姐妹，去执行抛撒骨灰的神圣任务。飞机载着他们穿过重重云层，翱翔在祖国的万里长空。和着徐徐的清风，刘伯承的骨灰落在了太行山，落在了淮海大地，落在了南京，落在了重庆，落在了开县赵家场的黄桷树林。

这位从贫苦农民家庭走出来的一代名帅，最后又回到了养育他的故土，回到祖国山河大地的怀抱之中，回到了他指挥千军万马战斗过的地方，与长眠在那些地方的无数烈士，永远在一起，永远在一起了！